가끔은 격하게 외로워야 한다

KI신서: 6339

가끔은 격하게 외로워야 한다
내 삶의 주인이 되는 문화심리학

1판 1쇄 발행 2015년 12월 21일
2판 3쇄 발행 2024년 11월 30일

지은이 김정운
펴낸이 김영곤 **펴낸곳** ㈜북이십일 21세기북스
디자인 황소자리 **사진** 김춘호
출판마케팅팀 한충희 남정한 나은경 최명열 한경화
출판영업팀 변유경 김영남 강경남 최유성 전연우 황성진 권채영 김도연
제작팀 이영민 권경민

출판등록 2000년 5월 6일 제406-2003-061호
주소 (우 10881) 경기도 파주시 회동길 201(문발동)
대표전화 031-955-2100 **팩스** 031-955-2151 **이메일** book21@book21.co.kr

(주)북이십일 경계를 허무는 콘텐츠 리더

21세기북스 채널에서 도서 정보와 다양한 영상자료, 이벤트를 만나세요!
페이스북 facebook.com/jiinpill21   포스트 post.naver.com/21c_editors
인스타그램 instagram.com/jiinpill21   홈페이지 www.book21.com
유튜브 www.youtube.com/book21pub

서울대 가지 않아도 들을 수 있는 **명강**의! 〈서가명강〉
유튜브, 네이버, 팟캐스트에서 '서가명강'을 검색해보세요!

ⓒ 김정운, 2015
ISBN 978-89-509-6286-9 03320

가끔은
격하게
외로워야
한다

내 삶의
주인이 되는
문화심리학

김정운,
그리고 쓰다

21세기북스

프롤로그

|

가끔은 정말
격하게 외로워야 합니다

1

정말 가끔은 격하게 외로워야 합니다! 우리 모두가 '정상'이 아니기 때문입니다. 자동차도 비포장도로를 한두 시간 달리면, 구석구석 정비해야 합니다. 나사가 풀리고 기름이 샙니다. 무쇠로 된 자동차도 그렇습니다. 우리는 그 여린 마음을 가지고, 수십 년 동안의 험난한 세월을 겨우 버텨왔습니다. 그런데도 지금의 내 몸과 마음이 정상일 거는 그 '터무니없는 믿음'은 도대체 어떻게 가능한 걸까요?

몸도 매년 정기검진을 받습니다. 그 역겨운 물을 몇 리터나 마시고 장 내시경도 합니다. 조마조마해하면서 결과를 받아봅니다. 작은 수치의 변화만 생겨도 겁내며 의사를 쫓아다닙니다. 몸의 사소한 변화도 그렇게 확인하는데, 어떻게 자신의 마음은 아무렇지 않다고 생각하는 걸까요? 어떻게 그런 무모한 확신이 가능한 걸까요?

스스로 잘 살고 있다고 생각하는 사람일수록 더 망가져 있습니다. 대한 민국 성공한 사람들은 거의 다 만나봤습니다. 대부분 정상이 아닙니다. 본인만 모릅니다. 상식적으로 한번 생각해봅시다. 그 위치까지 가려고 도대체 얼마나 미친 듯 살았겠습니까? 얼마나 이를 꽉 물고 버텼겠습니까? 얼마나 많은 경쟁자들을 밟고 그 자리까지 갔겠습니까? 그런데도 자신의 몸과 마음이 형편없이 망가져 있다는 사실을 모릅니다. 주위 사람들은 다 압니다. 그가 가진 돈과 권력 때문에 아무 말 하지 않을 따름입니다. 그러다가 다들 '한 방'에 훅 가는 겁니다.

하루하루를 겨우 견뎌내고 있는 보통 사람들은 어떻겠습니까? 그래서 멘토의 '막연한 위로'를 그렇게 기대했는지 모릅니다. '허접한 용기'라도 가져야 하는 거 아닌가 생각도 합니다. 그래서 다들 그렇게 낯선 심리학자 이야기에 귀가 쫑긋했는지도 모릅니다. 그러나 문제는 그리 간단히 해결되지 않습니다.

격하게 외로운 시간을 가져야 합니다. 외로움이 '존재의 본질'이기 때문입니다. 바쁘고 정신없을수록 자신과 마주하는 시간을 가져야 합니다. 사람도 좀 적게 만나야 합니다. 우리는 너무 바쁘게들 삽니다. 그렇게 사는게 성공적인 삶이라고 생각합니다. 그래서 자꾸 모임을 만듭니다. 착각입니다. 절대 그런 거 아닙니다. 바쁠수록 마음은 공허해집니다.

형편없이 망가진 내 자신을 마주 대하는 것이 두렵기 때문에 자꾸 그러는 겁니다. 아무리 먹고살기 바빠도 자기 자신과 마주하는 시간을 놓치면 안 됩니다. 트위터의 'RT(리트윗)'나 페이스북의 '좋아요'와 같은 값싼 인정에 굶주려 하는 것도 마찬가지입니다. 타인의 관심을 통해 내면의 깊은 상처를 잊고 싶기 때문입니다. 그러나 내 상처는 그런 식으로 절대 치유되지 않습니다.

동물들은 상처가 생기면 병이 나을 때까지 꼼짝 안 합니다. 상처 난 곳을 그저 끝없이 핥으며 웅크리고 있습니다. 먹지도 않고, 그냥 가만히 있습니다. 상처가 아물면 그때서야 엉금엉금 기어 나옵니다. 그 하찮은 동물도 몸에 작은 상처가 생기면 그렇게 끝없이 외로운 시간을 보냅니다.

격하게 외로워야 하는 또 다른 이유가 있습니다. 모두들 아주 오래 살게 되었기 때문입니다. 어느 광고처럼 '외계인의 침공이 없다면, 혹은 빙하기가 다시 도래하지 않는다면' 이제 대부분의 사람들은 100세까지 살게 됩니다. 인류가 지금까지 한 번도 겪어보지 못한 일입니다. 정말 엄청난 일입니다.

먹고살 돈이 있다고 내 외로움이 사라지지 않습니다. 취미 활동, 가족과의 연대, 사회보장제도로 견딜 수 있는 것도 결코 아닙니다. 은퇴한 후에도 30~40년을 더 살아야 합니다. 소외감 느끼지 않고, 우울해하지 않고 끝까지 잘 버틸 자신 있나요?

'인간은 어쩔 수 없이 외로운 존재'임을 깨닫는 방법밖에 없습니다. 그 사실을 깨닫는 것이 무서워 외로운 시간을 피하려고 합니다.

외로움은 그저 견디는 겁니다. 외로워야 성찰이 가능합니다. 고독에 익숙해져야 타인과의 진정한 상호작용이 가능합니다. '나 자신과의 대화인 성찰'과 '타인과의 상호작용'이 가지는 심리학적 구조가 같기 때문입니다. 외로움에 익숙해야 외롭지 않게 되는 겁니다. 외로움의 역설입니다.

2

'난 이제부터 내가 하고 싶은 일만 한다!'

2012년 1월 1일, 내 다이어리 첫 페이지에 쓴 글입니다. 정확히 만 50세가 되면서 나는 그렇게 결심을 했습니다. 실제로 그렇게 될 수 있겠냐마는, 결심이라도 그렇게 하고 싶었습니다. 지난 50년은 어쩔 수 없이 밀려 살았지만, 나머지 50년은 정말 내가 원하는 '내 인생'을 살아보고 싶었습니다. 그리고 바로 일본으로 건너왔습니다. 일본에서 지낸 지도 벌써 4년이 되었습니다. 시간 정말 빠릅니다.

방구석에 앉아 결심은 원대하게 세웠지만, 정작 내가 무엇을 하고 싶은지는 떠오르지 않았습니다. 나는 스스로에게 크게 절망했습니다. 주체적으로 살아야 한다고 그렇게 외치고 다녔지만 그런 삶을 위한 준비가 전혀 되어 있지 않았던 겁니다. 요즘 '하고 싶은 일 마음대로 하고 산다'며

나를 부러워하는 이들이 많습니다. 그러면 내가 꼭 물어봅니다. "그대는 무엇을 하고 싶으신가요?" 다들 당황합니다. 자신이 뭘 하고 싶은지 모릅니다. 기껏해야 세계 여행입니다.

내가 하고 싶은 일이 명확지 않으니 그렇게 떠밀려 살면서 우울했던 겁니다. '먹고살기 힘든데'라는 핑계로 내 삶의 근본적인 질문을 소홀히 했기에 그렇게 짜증만 내고 살았던 겁니다. 우울과 짜증은 심리적으로 정상이 아닐 때 나타나는 겁니다. 그래서 거꾸로 생각하기로 했습니다. 일단 '내가 하기 싫은 일'의 리스트를 만들기로 한 겁니다. '만나기 싫은 사람은 만나지 않는다!' '일찍 일어나지 않는다!' '쓰기 싫은 원고는 쓰지 않는다!'. 여기까지는 괜찮았습니다. 하나 더 생각났습니다.

'하고 싶지 않은 강의는 하지 않는다!' 아, 생각이 여기까지 이르자 난 화들짝 놀랐습니다. 내가 가장 하기 싫은 일은 바로 '학생들을 가르치는 일'이었던 것입니다. 나 스스로도 전혀 깨닫지 못했던 사실이었습니다.

참 많이 고민했습니다. 정말 어렵게 교수가 되었기 때문입니다. 한 달 내내 강의하고 다녀야 고작 80만 원 정도 벌 수 있는 강사 시절, 교수 임용에 떨어질 때마다 내가 얼마나 좌절하고 절망했는지 모릅니다. 실력이나 자격에서 내게는 상대도 안 된다고 생각하던 사람들에게 밀려날 때마다 정말 미칠 것 같았습니다. 그때마다 한강 다리 밑에서 낚시하며 마음을 달랬습니다. 어쩌다 팔뚝만 한 잉어를 잡으면 견딜 만했습니다. 한강에는 고기가 참 많습니다.

12년 동안의 교수 생활도 정말 열심히 했습니다. 논문도 많이 썼습니다. 몇 년 동안 프로젝트도 학교에서 가장 많이 한 교수였습니다. 정부 일도 적극적으로 참여했습니다. 대한민국의 여가 정책은 대부분 내 손을 거쳤습니다. '한국여가문화학회'를 만들어 크고 작은 행사도 많이 치렀습니다. 학교에서 내 강의는 학생들에게 인기가 많았습니다. 수강 신청 공고가 나면 불과 몇 분 안에 바로 다 찼습니다. 그런데 학생 가르치는 일이 내가 제일 하기 싫은 일이었던 겁니다. 내가 학생들에게 그토록 짜증을 많이 냈던 이유가 비로소 설명됐습니다. 난 가르치는 일을 몹시 싫어하고 있었습니다.

솔직히 난 지금까지 누구에게 한 번도 제대로 배울 마음을 가져본 적이 없습니다. 심지어는 골프 레슨을 받으면서도 코치를 계속 의심합니다. 그래서 어릴 때부터 나를 가르친 분들은 다들 나를 기분 나빠 했습니다. 한 번도 누구에게 배울 마음을 가져본 적이 없는 내가 학생들을 가르친다는 것이 말도 안 되는 일이었던 겁니다. 그 사실을 정교수가 되고, 정년 보장을 받고서야 겨우 깨달은 겁니다. 너무 늦게 깨달았습니다. 되돌리기엔 너무 늦었다는 생각도 들었습니다.

교수라는, 사회적으로 인정받는 직업을 유지하기 위해 아이들을 이용하고 있다는 느닷없는 가책에 어느 순간부터 괴로웠습니다. 교수를 사직하는 것에 대해 주위 사람들과 진지하게 상의했습니다. 다들 말렸습니다. 교수라는 직위라도 있으니, 그 '거지 같은 성격'에 사회생활 할 수 있는 거라고 했습니다. 몇 년만 더 참으면 연금이 보장되는데, 그때까지 참으라는 이야기도 들었습니다. 그래서 더 열받았습니다.

내 사회적 지위를 위해 계속 아이들에게 '사기 치며 살라'는 이야기로 들렸습니다. 그래서 홧김에 바로 사표를 제출했습니다. 지금 생각해보면 어떻게 그런 '만용(?)'이 가능했는지 모릅니다. 안식년으로 일본에 와 혼자 보내는 시간이 없었다면 결코 일어나지 않았을 일입니다. 이 책의 마지막 장에 당시의 내 마음이 자세히 서술되어 있습니다.

3

"김 교수, 그거 다 거짓말이야! 조르바를 흉내 내려면 제대로 해! 정말 자유로워지려면 부인과 아이들도 버려야 하는 거야. 어떻게 이혼은 안 하고, 교수만 때려치우나?"

내가 사표를 제출하자 당시 명지대학교의 유영구 이사장님으로부터 바로 서울로 들어오라고 연락이 왔습니다. 어떤 대학도 나를 뽑아주지 않을 때, 유일하게 나를 인정해준 분입니다. 참 섭섭해하셨습니다. 어떻게 자신과 한마디 상의도 없이 그런 결정을 할 수 있냐는 것이었습니다. 대학에 들어와 보직 교수들을 들이받아 여러 번 문제를 일으켰습니다. 학문적 능력은 전혀 없이 그저 대학원장이나 학장 같은 보직을 하고 싶어 하는 교수가 가끔 있습니다. 그런 사람일수록 그 자리가 무슨 권력이라고 정말 '찌질한 갑질'을 합니다.

문제가 생길 때마다 유 이사장님은 날 불렀습니다. 씩씩거리는 나와 식사를 함께하면서 야구 이야기만 참 많이 했습니다. 그렇게 날 신뢰하고 인정해주는 그분 덕택에 숱한 위기를 넘겼습니다. 그래서 그분께는 지금도 죄송한 마음입니다. 한참을 혼나고 돌아 나오는데 유 이사장님이 그럽니다. "지금이야 사방에 큰소리치고 그만둔 거니까 어쩔 수 없고, 시간 지나면 꼭 다시 함께 일하자구!" 마음만으로도 참 고마운 분입니다. 그러나 내가 교수를 다시 하는 일은 없을 겁니다. 난 정말 교수 체질이 아니기 때문입니다.

일본에서 지낸 4년 동안 참 많이 외로웠습니다. 그러나 얻은 것이 너무 많습니다. 일단 생뚱맞은 학위를 하나 더 땄습니다. 교토 서쪽 끝에 있는 교토사가예술대학의 단기학부를 졸업했습니다. 이제 내 최종 학위는 '전문대졸卒'입니다. 원래 만화를 공부하려 했습니다. 노인용 성인 만화, 변태 만화를 그리려고 했습니다. 한국 사람들은 너무 '정상 체위'만 고집합니다. 그래서 삶이 지루한 겁니다.

에로틱한 상상력이 다양해야 문화도 다양해집니다. 그런데 내 지도교수이신 기타무라 마사미北村正己 교수님이 내 그림 솜씨를 보더니 정말 잘 그린다며, 일본화를 배워보라고 했습니다. 만화는 언제든 할 수 있지만, 일본화를 배울 기회는 다시 없을 듯해서 교수님의 추천대로 일본화를 전공했습니다.

태어나서 처음 제대로 배우고 싶다는 생각을 했습니다. 그리고 지난 2015

년 3월에 졸업했습니다. 나는 내 전문대학 학위가 너무 자랑스럽습니다. 독일의 박사 학위보다 훨씬 신납니다. 내가 정말 좋아서 한 공부이기 때문입니다. 10년 후면, 정말 세계적인 화가가 될 겁니다. 이 책의 표지도 내가 그린 겁니다. 볼 때마다 너무 자랑스럽습니다.

책도 몇 권 썼습니다. 4년 동안 이 책을 포함해 세 권을 썼습니다.『보다의 심리학』이라는, 미술과 심리학의 관계를 설명하는 일어 책도 번역했습니다. 지난 1년 동안『이어령 프로젝트』라는 책도 준비했습니다. 내년에 출간할 예정입니다. 또 다른 일어 책도 번역하고 있습니다. 그 책도 내년이면 출간됩니다. 그러니까 일본에서 지낸 4년 동안 총 여섯 권의 책을 출판하게 되는 겁니다. 내 인생에서 가장 생산적인 시간이었습니다. 이토록 재미있게 공부한 적이 없습니다. 모두 외로움을 담보로 얻어낸 성과물입니다.

오십 넘어 시작한 일어 공부도 너무 즐거웠습니다. 옛날에는 '기모치이이'만 들리던 일본 만화나 AV의 대사가 이제 많이 들립니다. 그래서 앞으로 먹고사는 일에 자신도 생겼습니다. 남들이 돈 내고 사 갈 수 있는 콘텐츠 생산의 기술을 확보했기 때문입니다. 일단 언어로부터 많이 자유로워졌습니다. 영어, 독어는 예전부터 할 수 있었지만, 50세 넘어 생긴 일어 독해 능력이 주는 기쁨은 참 엄청납니다. 똑같은 단어라도 각 나라의 말로 검색해보면 전혀 다른 결과가 나옵니다. 그 내용을 비교하다 보면 창조적인 생각이 정말 많이 떠오릅니다.

미술 공부를 시작하면서 조선일보에 칼럼 연재를 시작했습니다. 칼럼도 쓰고, 글 속에 들어가는 그림도 직접 그렸습니다. 내가 그림까지 그린다고 하자, 내 칼럼이 속한 지면을 책임지는 부장이었던 이한우 선임기자는 펄쩍 뛰었습니다. 미술 대학에 입학한 지 채 한 달도 안 됐는데 무슨 만용이냐고 했습니다. 그러나 글과 그림이 연계되어야 제대로 된 글이 나온다는 내 이야기를 한참 듣더니 그러자고 했습니다. 어설픈 그림에 대한 그 어떤 비난이 들어와도 자신이 책임지겠으니 잘해보라고 했습니다. 그렇게 시작한 칼럼을 3년 가까이 진행했습니다. 이 책에 글과 그림이 가득한 것은 전적으로 이한우 선임기자 덕분입니다. 엄청나게 큰 지면을 할애해주고, 수준 미달의 그림을 참고 견뎌준 신문사 편집부 사람들과 독자들께도 참으로 감사한 마음입니다.

21세기북스의 신주영 실장과 남연정 과장이 정말 고생 많이 했습니다. 아마 나처럼 까다로운 필자는 처음 겪어봤을 겁니다. 교토까지 와서 사진을 참으로 폼 나게 찍어준 김춘호 작가, 표지와 책을 정말 마음에 들게 꾸며준 '황소자리' 북디자이너께도 감사한 마음을 전합니다. 이분들 덕택에 사진도 많이 넣고, 내가 그린 그림도 깔끔하게 실을 수 있었습니다. 지난 1년 동안 도시샤 대학同志社大學의 객원 연구원으로 지낼 수 있게 배려해준 도시샤 대학 상학부의 '미녀와 야수' 최용훈 교수께도 감사의 마음을 전합니다.

재미있게 읽어주셨으면 좋겠습니다. 오십 중반 아저씨의 찌질하고 음탕한 생각을 글과 그림으로 구구절절 늘어놓았다고 뭐라 하시면 많이 슬플 겁니다. 나처럼 생각하는 아저씨들은 여러분의 형제, 아버지, 삼촌, 남편, 직장 상사의 모습으로 주변에 아주 흔합니다. 대한민국이 구질구질한 이유는 바로 이 아저씨들 때문입니다. 내 책을 통해 그분들과의 소통에서 느꼈던 황당함을 조금이라도 덜 수 있었으면 하는 바람입니다.

정말 내 맘에는 꼭 드는 책입니다. 며칠이나 품 안에 안고 잤는지 모릅니다. 그 기쁨을 함께해주시는 독자 여러분께 진심으로 감사드립니다.

2016년 새해를 기다리며
교토京都 아라시야마嵐山에서
김 정 운

차례

|

PART 1

불안하면
숲이
안 보인다

팔굽혀펴기 열다섯 번이면
다 해결된다

●

오늘도 또 부엌 한구석에 주저앉아 울었다. 외롭거나 서글퍼서가 아니다. 진짜 너무 아파서 울었다. 설거지하다가 그릇을 넣으려고 열어놓은 싱크대 모서리에 머리를 박았기 때문이다. 요즘 자주 그런다. 아주 환장하게 아프다. 눈물이 쏙 빠진다. 부엌 한구석에 주저앉아 머리를 쥐어 잡고 끙끙대고 있는데, TV에서 '고독사孤獨死'에 관한 이야기가 나온다.

일본 여자들의 70퍼센트가 죽을 때 주위에 아무도 없을 것 같다는 거였다. 우아하게 혼자 죽는 법에 관해 미리 준비해야 한다고도 했다. 눈물 찔끔대며 부엌에 주저앉아 있으려니 도무지 남의 일 같지 않았다. 일본 교토, 원룸의 차가운 부엌 한 귀퉁이에서 싱크대 모서리를 박고 고독사 하면 어쩌나 하는 걱정도 아주 심각하게 잠시 했다.

사실 일본에서 고독은 아주 자연스럽다. 오십을 넘겨 그림 공부 하겠다 며 건너온, 나이 든 유학생이 원룸 아파트에서 혼자 밥 해먹고 혼자 돌아 다녀도, 하나도 안 불편하다. 식당에서 혼자 밥 먹어도 쑥스러워할 필요 가 전혀 없다. '고독 순응 사회'다. 고독을 당연하게 받아들이겠다는 결연 한 의지가 사회 구석구석에서 느껴진다. 일찌감치 고령화 사회에 진입한 서구 대부분의 나라도 그렇다. 오래 사는 나라에서 고독은 당연한 거다.

한국은 어떤가? 한국의 고령화 속도 또한 세계 최고 수준이다. 그러나 한 국에서 '고독'은 아직 낯선 단어다. 고독해서는 안 되기 때문이다. 우리 문화에서 고독은 실패한 인생의 특징일 따름이다. 그래서 아직 건강할 때, 그렇게들 죽어라고 남들 경조사에 쫓아다니는 거다. 내 경조사에 외 로워 보이면 절대 안 되기 때문이다. 우리가 그토록 바쁜 이유는 고독을 절대 인정하지 않는 '고독 저항 사회'인 까닭이다. 쉬어야 하는 주말조차 각종 경조사로 길거리가 미어터지는 이 한국적 현상을 달리 설명할 수 있을까?

최근 발표된 자료를 보니 남자는 78세, 여자는 85세가 평균 기대 수명이 란다. 이제 나 같은 50대는 100살까지는 충분히 산다. 1950년대 한국 남자 의 평균수명은 불과 51.1세, 여자는 53.7세였다. 불과 수십 년 사이에 평균 수명이 두 배 가까이 늘어났다는 이야기다. 인류 역사상 인간이 이토록 오래 살아본 적이 없다. 그 어떤 자연 변화나 사회 변혁도 이 평균수명의 연장과 비교할 수 없다.

개인은 고독이다 | 2013 | 270×215 | 화지에 수간채, 석채

평균수명 50세를 기준으로 만들어졌던 윤리·도덕적 기준도 이제 죄다 바뀌게 된다. 여기에는 부부 관계, 가족 관계도 해당한다. '폴리가미 polygamy'까지는 아닐지라도 수차례 결혼·이혼하는 것도 그다지 특별할 게 없는 일이 됐다. 20대에 만난 사람과 100년 동안 쭉 함께 산다는 것이 과연 가능할까? 지금의 그 남편과 앞으로 50년을 더 살라고 하면, 우리나라 중년 여자 대부분은 차라리 고독사 하고 말겠다고 할 거다. '검은 머리, 파뿌리'는 평균수명 50세였던 시절의 전설일 따름이다. 그만큼 평균 수명 100세는 엄청난 사건이다. 인류 역사상 가장 오래 살게 된 각 개인은 그에 상응하는 혹독한 대가를 지불해야 한다. 바로 고독이다.

사실 고독은 '개인個人'이 인류 역사에 처음 등장할 때 함께 나타난 현상이다. 데카르트가 '나'라는 주어를 써서 주체의 존재 방식을 '사유'로 규정했을 때를 '근대적 개인의 탄생'으로 볼 수 있다. 이 데카르트적 자아는 고립을 전제로 한다. 세계와 타자로부터, 독립된 자아의 확인으로부터 주체가 성립하는 까닭이다. 따라서 '나는 생각한다. 그러므로 존재한다!'는 데카르트적 명제를 심리학적으로 번역하면 이렇게 된다. '나는 고독하다. 그러므로 존재한다!'

개인 individual이라는 서구의 존재론이 동양에 처음 알려진 것은 19세기 무렵이었다. 동양은 당황했다. 'individual'에 상응하는 단어가 없었기 때문이다. 근대 일본의 번역어 성립 과정에 정통한 야나부 아키라柳父章에 따르면, 'individual'은 중국어로는 '일개인一個人' 또는 '독일개인獨一個人' 등과 같은 단어의 조합으로 번역되었고, 일본에서는 일상어인 '사람ひと'으

로 번역되었다. 개인個人이 일상어로 자리 잡게 된 것은 19세기 말, 20세기 초의 일이었다. '독獨'이나 '일一'이 빠져버린 '개인個人'은 'individual'의 번역어로 그리 큰 문제가 없었다. 당시 동양의 개인은 고독하지 않았기 때문이다.

수백 년에 걸친 서구의 근대화를 불과 수십 년 만에 해치운 압축성장 과정에서 우리는 고독할 틈도 없었다. 고독은 사치였다. 그러나 평균수명 100세 시대를 사는 우리에게 고독은 존재의 근거가 된다. 그러나 한국과 같은 '고독 저항 사회'에서 고립된 삶은 '호환 마마'보다도 무섭다. 고독에 대처하는 어떠한 문법도 배우지 못했기 때문이다. 연금만 보장되면 다 해결되는 줄 안다. 다들 너무나 외로워 어쩔 줄 모르면서, 그야말로 고독에 몸부림치면서도 그게 자기 운명인 줄 모른다는 이야기다.

고독한 개인의 구원은 역설적으로 개인 내면에 대한 더 깊은 성찰로 가능하다. 고독할수록 더 고독해야 한다는 말이다. 그건 예술적 몰입일 수도 있고, 종교적 명상일 수도 있다. 아, '팔굽혀펴기'일 수도 있다. 하루에 수백 번씩 팔굽혀펴기를 하면 고독 따위는 아주 쉽게 견딜 수 있다고, 언젠가 목욕탕에서 만난 김창근 SK수펙스 의장이 그랬다. 이제까지 내가 본 어깨 중에 가장 멋있는 역삼각형 어깨를 가진, 육십 중반의 긴 의장은 팔굽혀펴기를 하면 중년의 허접스러운 성욕도 깨끗이 사라지고 정신도 아주 맑아진다고도 했다.

오늘 난 팔굽혀펴기 열다섯 번 만에 고독은 물론, 성욕도 깨끗이 다 해결

했다. 난 고작 열다섯 번이면 충분한데, 김 의장은 왜 하루에 수백 번씩 하는 걸까? 아무튼 난 아주 맑은 샘물 같은 영혼을 지녔다.

· ·

고독사

—

가족이나 친구와 단절되어 살다가 홀로 쓸쓸하게 죽음에 이르는 것을 뜻하는 신조어. 대부분 죽은 지 상당히 오랜 시간이 지난 후 발견된다. 사체가 발견된 후, 가족들이 나타나 재산 분배를 둘러싸고 다투는 경우도 많다. 고령화 사회의 쓸쓸한 단면이다. 일본에서의 고독사는 주로 독거노인에게 해당되지만, 한국 사회에서는 '기러기 아빠'의 고독사가 자주 화제가 된다.

고독사는 법률적으로 쓰이는 용어가 아니다. 그래서 고독사가 어느 정도 발생하는가에 대한 정확한 통계도 없다. 고독사와 가장 유사한 의미인 '무연고사'를 토대로 유추해보면, 대한민국의 무연고 사망자는 여성보다 남성이 압도적으로 많다. 그중에서도 50대의 비율이 가장 높다. 은퇴 전후의 중년 남성에게 고독사가 가장 많이 발생한다는 사실은 참으로 의미심장하다. 회사나 일과 관련된 인간관계가 전부인 남자들에게 고독사는 결코 남의 일이 아니다.

가족이 해체되고, 혼자 사는 사람들이 늘어나는 오늘날의 추세를 볼 때, 수십 년 후 고독사는 아주 자연스러운 일이 될 것이다. 모두들 100세 이상을 산다고 생각해보면 고독사는 인생을 특별히 잘못 산 사람들만의 운명은 아니라는 이야기다. 이제 혼자 죽는 상황에 대해서도 아주 진지하게 준비해야 할 때다.

폴리가미

'일부다처제' 또는 '일처다부제'를 뜻한다. '모노가미monogamy(일부일처제)'의 반대말이다. 오늘날 대부분의 국가들에서 모노가미를 법으로 규정하고 있지만, 수천 년 동안 폴리가미polygamy는 보편적인 가족 형태였다. 1960년대까지만 해도 우리나라에는 축첩蓄妾 제도가 존재했다. 유럽은 그리스도교가 지배한 중세부터 폴리가미가 금지됐지만, 이슬람 사회에서는 여전히 합법이다. 폴리가미와 비슷한 개념으로 폴리아모리polyamory가 있다. '두 사람 이상을 동시에 사랑하는 것'을 뜻한다. 폴리가미가 일대다一對多의 결혼 제도라면, 폴리아모리는 일대다의 연애 형태라고 할 수 있다. '한 사람이 한 사람만 사랑해야 한다'는 것도 문화의 산물이다.

사실 가만히 생각해보면 일부일처제는 인류가 생각해낸 가장 훌륭한 제도라고 할 수 있다. 힘세고 돈 많은 남자, 혹은 예쁜 여자가 배우자를 독점하게 되는 것을 막을 수 있기 때문이다. 장동건 같은 남자에게만 수십 명의 여자들이 몰리고, 다른 한쪽에서는 평생 여자 구경도 못 하는 남자들이 떼로 몰려다니는 엄청난 불균형을 막을 수 있다는 이야기다. 그러나 고령화 사회가 되면 일부일처제와 같은 결혼 제도도 분명 큰 변화를 겪을 것이다.

일부일처제의 형태는 유지되겠지만, 평생 오직 한 번만 결혼하는 일은 아주 드문 일이 될 것이다. 언젠가부터 농담 삼아 하던 '세 번 결혼해야 한다'는 가설이 가장 이상적인 형태가 될 수도 있다. 여자 입장에서 예를 들자면, 첫 번째 결혼은 20대에 한다. 나이 들고 돈 많은 40대 아저씨하고 하는 거다. 그 남자와 한 20년 살고 두둑하게 위자료를 챙겨 이혼한다.

40대가 되면 20대의 건강한 젊은 사내와 다시 재혼한다. 가진 돈과 그동안의 경험을 그 젊은 남자에게 성실하게 전달한다. 두 번째 남자가 40대가 되어 독립할 충분한 능력이 되면 이혼에 흔쾌히 동의한다. 이때가 되면 여자의 나이는 60대가 된다. 이제 세 번째 결혼을 한다. 이번에는 동년배의 남자와 한다. 이 남자 또한 세 번째 결혼이 된다. 첫 결혼은 20대에 마흔 살 여자와 했다가 두 번째 결혼은 자신보다 스무 살 젊은 여자하고 했던 사람이다. 이제 두 번씩 결혼의 경험이 있고, 60대가 된 두 사람은 남은 기간 친구처럼 산다.

이처럼 된다면, 이혼의 가장 큰 이유라는 '성격 차이(실제로는 성적 차이?)'의 문제도 아주 자연스럽게 해소될 것이다. 첫 결혼에서는 나이 든 사람에게 배우고, 두 번째 결혼에서는 젊은 사람에게 가르쳐주는 거다. 이 가설을 처음 들으면 심리적 저항이 있겠지만, 가만히 생각해보면 꽤나 합리적인 결혼 방식이다. 일부일처제도 유지하고, 오직 한 사람하고 지루하게 살아야 한다는 도덕적 강박으로부터도 자유롭다. 더 훌륭한 것은 남녀 모두에게 평등한 방식이라는 거다. 젊은 남자와 살 수 있는 권한이 합법적으로 주어지는 이 같은 제도에 여자들이 반대할 이유는 전혀 없다. 평균수명 100세 시대에 생겨날 일부일처제의 문제에 대해 한 번 생각해보자는 이야기다.

개인

—

한 집단을 구성하는 개체로서의 한 사람을 뜻한다. '개인'을 의미하는 영어 'individual'은 '나눌 수 없는, 불가분의'라는 뜻을 가진 'indivisible'에서 파생된 말이다. 개인이란 용어는 15세기 서양에서 처음 사용되기 시작했다. 17세기에 이르러 개인이 사회를 설명하는 중요한 개념으로 떠오르면서 철학, 문학 등 각 분야에서 개인의 의미에 대한 해석이 본격화되었다.

서구의 근대는 '더 이상 나눌 수 없는 것'까지 나누면 세상의 모든 구성 원리가 설명될 것이라는 환상에서 출발한다. 자연과학에서는 모든 물질의 가장 최소 단위인 '원자atom'를 생각해낸다. 'atom'은 '더 이상 나눌 수 없다'는 뜻의 그리스어

'atomus'에서 나온 단어다. 자연과학적 세계관에 따라 인간 사회도 더 이상 나눌 수 없는, 피부를 통해 바깥세상과 구별되는 마지막 단위인 개인을 만들어낸다. 심리학은 바로 이 지점에서 시작한다. 그러나 부분의 합은 전체가 아니다. 각 단위들이 전체의 한 부분이 될 때는 최소 단위의 성질로는 더 이상 설명되지 않는다. 자연과학도 마찬가지다. 가장 작은 부분이라고 여겨졌던 원자의 세계도 양자역학이 시작되면서 '환상'이었음이 밝혀진다.

심리학도 마찬가지다. 개인을 단위로 인간의 심리는 설명되지 않는다. 근대심리학의 원자주의는 막힌 길이다. 각 개인들이 만나는 '상호성'이 사회와 문화, 그리고 인간 심리를 분석하는 기본 단위가 되어야 한다는 것이 문화심리학의 출발점이다.

．

기네스 펠트로를 그리려다 망쳤다.
입술을 하나 더 그렸다.
눈도 하나씩 더 그렸다.

어느 날부터
나의 기네스 펠트로가 말을 걸어온다.
나는 상냥하게 대답한다.

갑자기 로봇 청소기한테 많이 미안해졌다.
집 안 구석으로 사라질 때마다
매번 거칠게 욕하며 화만 내서다.

여자는 남자를 위해
화장하지 않는다

●

어쩌다가, 아주 어쩌다가 노래방에 갈 때가 있다. 내 친구 귀현이는 무조건 왁스의 「화장을 고치고」부터 부른다. 조금 오래된 노래지만 들을 때마다 참으로 구구절절하다. 가슴이 거의 10미터 높이에서 갑자기 툭 하고 떨어지는 느낌이다. 자기를 버리고 떠난 남자를 기약 없이 기다리며 "세월에 변해버린 날 보고 실망할까 봐" 화장을 고친다는 여자 노래다. 정말 사랑스럽지 않은가? 왜 우리는 50년 넘도록 그런 여자 한번 못 만나봤을까!

노래 후렴구는 더 슬프다. 왜 자신을 버리고 연락 한번 없었느냐고 모질게 따지겠다던 여인은 이내 마음을 바꾼다. 오히려 자기가 더 미안하다고 한다. 자신은 아무것도 해준 게 없고 "그저 받기만 했을 뿐"이라며 고마워하기까지 한다. 세상에 어찌 여인의 마음이 이리 곱고 예쁠까? 노래가 후렴구에 이르면 귀현이는 스스로 감동하여 꺽꺽거린다. "어떻게든 우린 다시 사랑해야 해" 하며 따라 부르는 사내들의 눈가에는 눈물까지 비친다.

만약 우리의 아내들이 이 모습을 봤다면 기막혀하며 "아주 놀고들 있네!" 했을 거다. 그러나 비 맞은 개털같이 숭숭 비어 있는 머리를 한 50대 초반의 배 나온 사내들은 자신을 위해 화장을 고치고 있을 여인이 어딘가에 있으리라는 희망을 절대 포기하지 않는다. 어떻게든 그 여인을 만나겠다는 일념으로 '화장한 여자' 노래는 계속된다. 임주리의 「립스틱 짙게 바르고」, 강애리자 또는 송윤아의 「분홍 립스틱」 등등.

지불한 노래방 예약 시간이 끝나고 노래방 주인이 서비스로 주는 20분 추가마저 끝나면 어깨 처진 사내들은 집으로 향한다. 더 이상 남편의 귀가를 기다리지 않는 아내는 이미 취침 중이다. 리무버, 클렌징오일, 폼클렌저 순서로 아주 깔끔하게 화장을 지운 '쌩얼'이다. 아내는 절대 남편을 위해 화장하지 않는다. 그런다고 쓸쓸해해서는 안 된다. 그 가슴 시린 노래 「화장을 고치고」는 전제부터 틀렸기 때문이다.

영국의 한 잡지에서 조사해보니 여자들은 하루에 적어도 아홉 번 이상 자신의 화장에 대해 생각한다고 한다. 여성 30퍼센트는 잠자기 직전까지 화장에 대해 생각한다고도 했다. 세 명 중 한 명은 화장하지 않고는 집 밖에 절대 나가지 않는다고 대답했다. 열 명 중 세 명은 아이를 학교에 데려

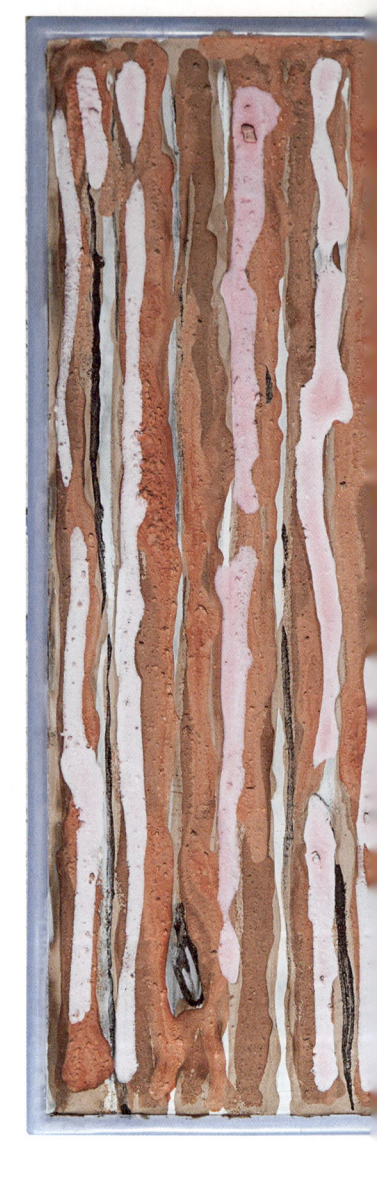

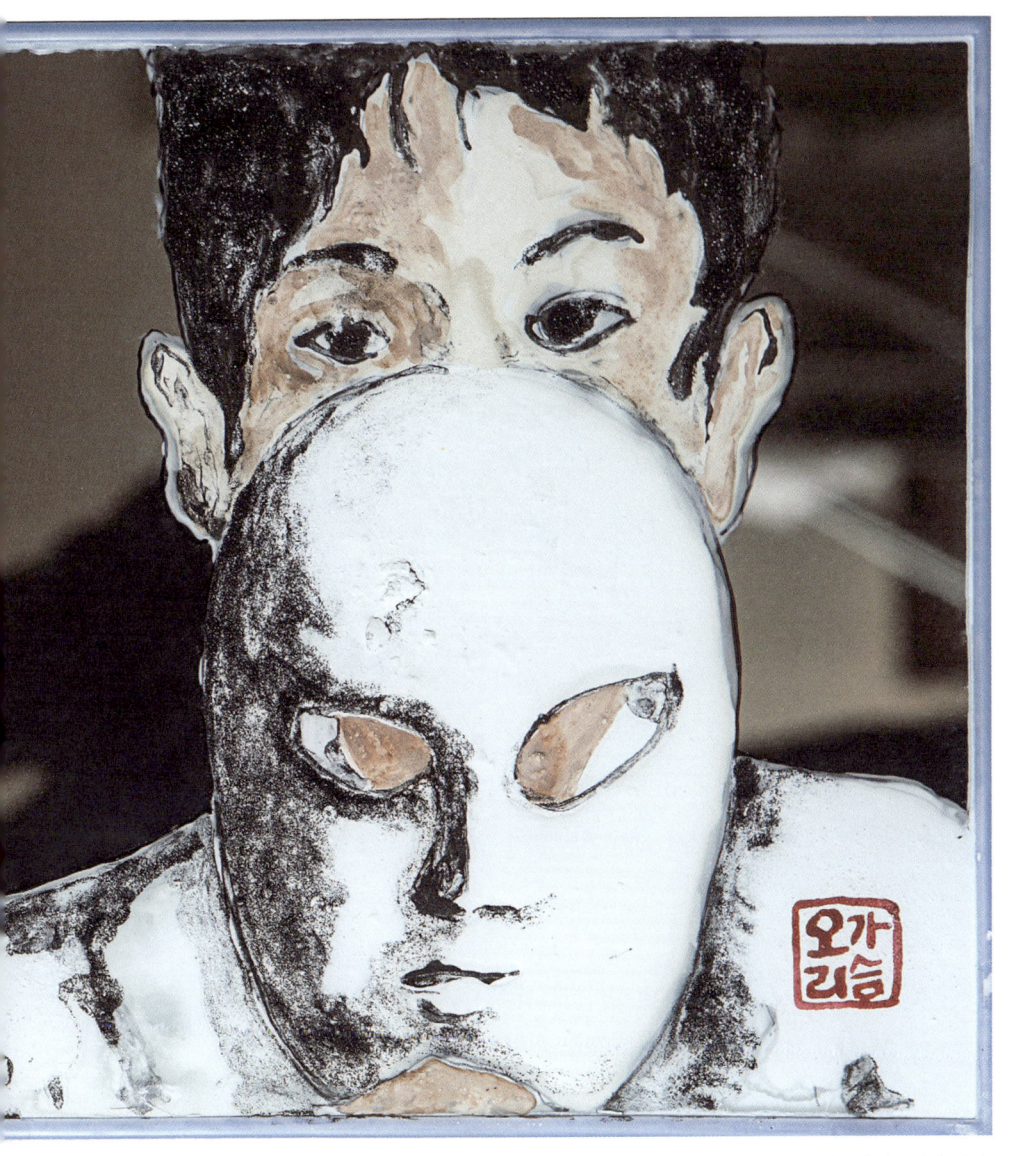

남자도 화장을 지울 곳이 필요하디 | 2014 | 245×180 | 거울에 수간채, 석채

다줄 때 립스틱이라도 꼭 바른다고 했다. 무슨 뜻인가? 여자의 화장은 남자와는 별 상관없다는 거다. 오히려 다른 여자들 때문에 화장한다는 대답이 많았다. 남자들에게 잘 보이기 위해서가 아니라 다른 여자들보다 더 멋지게 보이려고 화장한다는 것이다. 한국보다 화장에 훨씬 둔감한 영국 여인네들 이야기다.

여자는 남자를 위해 화장하지 않는다. 여자에게 화장은 연기자의 분장과 마찬가지다. 주어진 사회적 맥락에 맞춰 화장의 톤을 결정하고, 입을 옷에 따라 색조를 결정한다. 남자는 그 맥락에 포함되는 작은 요소 하나에 불과하다. 화장대 앞의 여자는 무대 위의 연기자처럼 끊임없이 자신에게 주어진 역할에 대해 생각한다. 맥락에 따라 달라지는 자아에 대한 성찰이 가능하다는 이야기다. 서정주 시인이 노래한 "거울 앞에 선 내 누님"처럼 여자의 '맥락적 사고'는 시간이 흐를수록 확장된다. 그래서 나이 들수록 여자가 남자보다 훨씬 건강하고 현명하며 지혜롭다. 화장을 지우며 자신의 다양한 역할을 성찰할 수 있는 무대 뒤의 화장대가 있기 때문이다.

미국 사회학자 어빙 고프먼Erving Goffman, 1922~1982은 '자아自我'를 무대 위의 연기자에 비유한다. 현대 심리학에서 전제하고 있는, 일관되고 통일된 자아란 존재하지 않는다는 비판이다. '상호작용 의례儀禮'에 관한 미시적 연구를 통해 고프먼은 주어진 상황에 따라 인간에게는 '여러 자아'가 제각기 다르게 구성된다고 주장한다. 이때 무대 위의 여러 자아를 끊임없이 성찰하고 상대화할 수 있는 무대 뒤의 공간이 필수적이다. 즉, 분장을 하고 분장을 지우는 '배후 공간'이 필요하다는 말이다. 무대 위나 무대 뒤의 어느 한쪽만 진짜 삶이라고 하는 이분법적 사고를 해서는 안 된다. 무대 위가 다양한 역할이 실재하는 삶이듯 무대 뒤의 삶도 진짜라는 거다.

수용소나 정신병원의 삶이 고통스러운 이유는 무대 뒤, 즉 배후 공간이 허용되지 않기 때문이다. 도대체 숨을 공간이 없다. 실제로 나치하에서 유대인 강제 수용소에 갇혀 있었던 아동심리학자 베텔하임Bruno Bettelheim, 1903~1990은 수용소 생활의 가장 큰 고통으로 '배후 공간의 부재'를 든다. 모든 것이 적나라하게 드러나는 수용소의 삶에 적응하지 못한 사람은 대부분 죽어나갔다. 살아남은 장기 수감자들의 심리적 상황은 더 처참했다. 어떤 것도 숨기지 못하고 부모에게 모든 것을 내맡길 수밖에 없는 어린아이처럼 수용소의 나치 친위대를 부모처럼 믿고 의지하는 퇴행적 행태를 보였다는 것이다.

한국 남자들에게 절대적으로 필요한 것은 사회적 역할을 떨어내고 차분히 앉아 생각할 수 있는 배후 공간이다. 권력 관계에 따라 모든 것이 결정되는 무대 위의 삶만 진짜라고 생각하기 때문이다. 나치 친위대에 모든 것을 맡기는 수용소의 장기 수감자처럼 권력에 모든 것을 맡기는 퇴행적 행태를 보이지만 그러한 자신의 삶을 전혀 돌아보지 않는디. 고속도로 위의 자동차처럼 그저 앞으로만 내달린다. 고속도로에는 돌아설 수 있는 배후 공간이 없다. 멈춰 서서노 안 된다. 그래서 누가 추월하면 그렇게 분노하는 거다. 설령 누가 끼어들겠다고 깜빡이 신호라도 보낼라치면 오히려 더 속도를 높인다. 못된 게 아니다. 도무지 숨을 곳이 없는 한국 남자들의 '찌질한' 반항이다.

뒤로 돌아설 수도, 그렇다고 마냥 앞으로만 달리기도 두려운 이 땅의 사
내들은 매일 밤 지하로 내려간다. 그곳에는 화장을 수시로 고치는 여인
들로 가득하다. 그래서 룸살롱이 죄다 지하에 있는 거다. 흠, 조금 슬프지
않은가?

· ·

상호작용 의례

'나름 지식인'들에게는 독특한 상호작용 규칙이 있다. 상대방에 대해 먼저 아는
척을 해선 안 된다. 방송국의 토론 프로그램이나 교양 프로그램의 패널로 만나는
'지식인'들이 특히 그렇다. 일반적으로는 상대방에 관해 먼저 아는 척을 해줘야
하는 것이 예의다. 잘 몰라도 아는 척을 해야 한다. 그러나 '나름 지식인'의 경우,
먼저 아는 체를 하면 지는 거라고 생각한다.
상대방의 책이나 강의를 들었다고 먼저 반가운 티를 내면 '쪽팔리다'고 생각하기
때문이다. 내 경우, 이 룰을 깨닫는 데 꽤 많은 시간이 걸렸다. 요즘도 가끔 먼저
아는 체를 했다가 아주 불편한 상황을 겪곤 한다. 그래서 난 오전에는 절대 '나름
지식인'을 만나지 않는다. 하루가 재수 없기 때문이다.
사회에는 각 상호작용마다 독특한 룰이 있다는 이야기다. 이를 미국의 사회학자
어빙 고프먼은 '상호작용 의례interaction ritual'라고 불렀다. 고프먼은 일상의 '대

면 상호작용face-to-face-interaction'을 분석해 미시사회학 분야를 개척한 매우 독창적인 사회학자다. 사회학 방법론으로 통계학적 접근이 주류를 이룰 때, 고프먼은 '지금-여기'의 구체적 상황에서 일어나는 상호작용을 사회학적 연구의 기본 단위로 삼았다. 이 같은 고프먼의 미시사회학적 시도는 고립된 개인을 연구 대상으로 삼는 심리학과 거시적 구조를 연구 단위로 하는 사회학의 빈틈을 이어주는 탁월한 연구로 평가받는다.

배후 공간

낯선 사람이 다가오면 자신도 모르게 몸을 뒤로 빼게 된다. 자신의 영역을 침범당했다는 본능적인 느낌 때문이다. 남자 화장실에서 소변기 사이의 거리가 가까우면 사람들은 불편함을 느낀다. 소변을 볼 때, 옆 사람이 '내 것'을 훔쳐보는 느낌이 들기 때문이다. 그래서 고급 호텔 남자 화장실의 소변기 사이 거리는 고속도로 화장실보다 멀다. 칸막이도 있다. 개인 공간을 확보해주기 위해서다.

화장실만 그런 것이 아니다. 권력이 높아질수록 공간은 넓어진다. 단순히 사무실 공간만 넓어지는 것이 아니다. 사람들 사이의 거리도 멀어진다. 높은 사람 곁에 가까이 갈 수 있는 사람은 제한되어 있다. 아무나 곁에 오는 것을 허락하지 않는다. 이렇게 돈과 권력은 공간으로 확인된다.

모든 상호작용에는 지켜야 하는 물리적 거리가 있다. 권력이나 친밀도에 따라 달라지는 공간의 양상을 인류학자 에드워드 홀Edward T. Hall, 1914~2009은 '근접학proxemics'이라는 학문으로 정리했다. 홀에 따르면 인간이 공간을 분류하는 양상은 다음 네 가지로 나뉜다. 진밀한 거리, 개인적 거리, 사회적 거리, 공적 거리. 각 거리는 문화마다 다르다. 서양인들은 상대방의 사적 공간을 침범하면 "Excuse me!" 혹은 "Sorry!"를 연발한다. 서양인들이 한국에 와서 가장 곤혹감을 느끼는 상황이 바로 이 사적 공간을 침해받았을 때다. 어깨를 부딪히며 지나가면서도 아무 소리 안 하기 때문이다.

모든 인간에게는 자신의 프라이버시를 보장받을 수 있는 사적 공간, 즉 배후 공간이 절대적으로 필요하다. 인간의 존엄은 이 최소한의 배후 공간이 있어야 유지된다. 교도소는 범죄에 대한 징벌로 이 배후 공간을 박탈한다. 여러 명이 좁은 방에서 함께 생활하며 화장실까지도 공유해야 한다. 사적 공간의 박탈이 얼마나 고통스러운가를 깨달아야 다시는 범죄를 저지르지 않기 때문이다.

한국 남자들이 '건들기만 해봐라' 하고 이빨 꽉 깨물고 사는 이유는 바로 이 배후 공간의 부재 때문이다. 배후 공간의 부재는 화장실에서 팔뚝에 문신이 가득한 녀석이 소변볼 때마다 '내 물건'을 빤히 들여다보는 상황이 계속되는 것과 마찬가지다. 오줌이 나오겠는가?

국물 한 번 더 달라고 했다가
냉정하게 거절당한 뒤로
다시는 가지 않는 식당이다.

한국과 일본이 어울릴 수 없는
가장 큰 이유는 바로 거기에 있었다.

일본 식당은
국물도 없다.

=お昼の定食=

ブリの照焼

サバの塩焼

サケの塩焼

.

이 집은 드물게 국물을 더 준다.
학교 앞 식당 '하마토미(濱富美)'다.

고니시 아키오(小西昭雄) 사장 부부가 내미는
낡은 종이에 적힌 메뉴는
1년 내내 딱 세 가지다.

방어 조림
고등어 구이
연어 구이.

달력, 원근법,
그리고 심리학

•

지나가다가 자빠지면 독일 사람은 이렇게 묻는다. "알레스 인 오르드눙
Alles in Ordnung?" 괜찮으냐고 묻는 거다. 단어 하나하나 그대로 번역하면
"모든 게 다 잘 정리되어 있나요?"가 된다. 기막히게 독일적인 표현이다.
독일 사람들은 주변이 제대로 정돈되어 있지 않으면 너무나 불안해한다.
독일 사람들이 유난스럽기는 하지만, 정리 정돈이 안 되어 있는 혼돈 상
태를 두려워하는 것은 인류 공통이다.

가장 정리하기 힘든 것은 '시간'과 '공간'이다. 문화는 도무지 어쩔 수 없
는 시간과 공간을 정돈하려고 애쓰는 과정에서 만들어졌다. 우선 시간
이다. 독일 철학자 하이데거Martin Heidegger, 1889~1976는 인간 존재의 본
질을 '불안'으로 정의한다. 도무지 어디서 와서 어디로 가는지 모르기

때문이다. 현재의 시간 속에 그저 '던져졌다'는 의미로 '피투성被投性, Geworfenheit'이라는 표현을 쓴다. 시간으로 인한 불안을 극복하지 못하는, 그야말로 '피투성이'의 삶을 산다는 뜻이다. ('피투성'이라는 형편없는 일본식 한자를 한글로 바꾸면 이렇게 그럴듯해진다.)

시간의 공포를 극복하기 위해 인간은 달력을 만들었다. 하루를 24시간으로 쪼개고, 일주일은 7일로 나누고, 한 달은 4주로 분리하고, 일 년은 열두 달로 분해했다. 그렇게 시간을 각 단위로 나누면 하루, 일주일, 한 달, 한 해는 매번 반복된다. 반복되는 것은 하나도 안 무섭다. 그래서 한 해가 시작될 때마다 우리는 담배도 끊고, 살도 빼기로 결심하는 거다. 지난해를 아무리 망쳤다고 해도 새로 시작할 수 있어 즐겁다.

한국의 중년 사내들이 골프에 그렇게 환장하는 이유는 반나절 동안 무려 열여덟 번이나 새로 시작할 수 있기 때문이다. 그 좁은 구멍에 공 집어넣는 놀이를 매번 새롭게 시작하는 것도 그렇게 고마운데, 인생에 주어진 시간이 80~90번 가까이 반복되니 얼마나 즐거울까. 그래서 한 해를 시작할 때마다 매번 그렇게 요란하게 축제를 벌이는 것이다.

시간을 '반복'으로 극복하려 했다면, 도무지 정리할 수 없이 무한히 펼쳐진 공간에서 느끼는 공포를 인류는 어떻게 극복하려 했을까? '원근법'이다. 원근법은 무한한 공간에 소실점을 중심으로 질서를 부여하는 아주 혁명적인 발명이다. 원근법을 통해 인간은 신이 창조한 세상을 자기들 마음대로 재창조할 수 있게 되었다.

3차원 공간을 2차원 평면에 정확히 재현하는 원근법이 발명된 후, 인류는 무한한 공간에 대한 근원적 공포로부터 드디어 풀려났다. 2차원에 구현된 공간은 통제 가능하다. 내 맘대로 할 수 있는 공간을 두려워할 이유는 전혀 없다. 공간의 공포를 극복한 인류는 아주 겁이 없어졌다. 3차원 공간을 2차원 평면처럼 만들기로 결심한 거다. (오늘날의 환경 문제는 여기서부터 시작된다.)

공간을 원근법적으로 재구성한 게 프랑스식 정원이다. 특히 루이 14세의 베르사유 궁전의 정원은 원근법적 공간 구성의 절정을 보여준다. 지평선 끝의 소실점과 왕의 창문을 잇는 직선을 중심으로 좌우 대칭 정원을 꾸며, 공간에 규칙을 부여했다. 공간에 질서를 세워 자기 소유임을 분명히 하려 했던 것이다. 사실 자기 물건에 질서를 세우는 것은 인류가 아주 오래전부터 해왔던 일이다. '문양'이다. 인류는 토기나 직물에 문양을 넣어 자신의 소유임을 분명히 했다. 빗살무늬와 같은 규칙적이고 대칭적인 문양은 세계 어느 곳에서나 발견된다. 규칙이 있어야 불안하지 않기 때문이다.

절대권력을 가지고 있으나, 그 권력의 크기만큼 불안했던 루이 14세는 자기 눈길이 미치는 곳까지 정원을 꾸미고, 그 정원에 원시 문양과 같은 규칙을 부여해 마음의 평안을 찾고자 했다. 절대군주제가 무너진 후, 새롭게 들어선 근대 권력은 더 무모한 짓을 한다. 정원 안에만 구현했던 원근법적 원리를 도시 전체로 확대하기 시작한 것이다. 오스만 남작Baron Georges-Eugène Haussmann, 1809~1891이 앞장선 파리 개조 사업이 대표적인 예다. 개선문과 샹젤리제 거리로 이어지는 직선을 기준으로 도시 전체에

누구나 마음에 빗살무늬를 그려야 할 때가 있다 | 2014 | 730×605 | 화지에 수간채, 석채

원근법적 질서를 부여했다. (지금 하고 있는 이야기는 내가 지난 10년간 해낸 생각 중 가장 그럴듯한 것 같다!)

근대 이후 새롭게 만들어진 도시는 죄다 유사한 규칙과 질서를 기초로 하고 있다. 그러나 이런 인류의 집요한 노력에는 여전히 뭔가 비어 있다. 자기 소유의 물건과 공간에 규칙과 질서를 제아무리 집어넣고, 시간은 반복되는 것이라고 스스로를 속여도, 마지막 남아 있는 영역에 질서가 세워지지 않으면 인간은 절대 불안에서 헤어날 수 없는 까닭이다.

'마음'이다. 20세기 들어 인류 역사상 최악의 전쟁을 두 번이나 겪으며 인류는 심리학이라는 마지막 카드를 꺼내들었다. 심리학은 달력과 원근법에 이어 인류가 불안에 저항하고자 개발한 마지막 수단이다. 물론 현대 심리학이 그 해결책을 구체적으로 제시하고 있는가는 전혀 다른 문제다.

혼자 지내면 수시로 불안하다. 외국에서 지내니 더 그렇다. 심리학을 30년 넘도록 공부하고 있지만, 내 특별한 중년의 불안을 해결하는 신통한 심리학적 해결책은 없는 듯하다. 그래서 다시 원시적으로 해결하기로 했다. 마음에 빗살무늬를 긋는 방법이다.

일본 아줌마들은 참 열심히 이불을 넌다. 햇볕이 참 좋다 생각하고 창문을 열면, 집집마다 이불이 창문에 걸려 있다. 나도 이불을 널었다. 공기가 참으로 깨끗한 시골이라 먼지가 전혀 없다. 햇볕 잘 드는 창틀에 이불을 그냥 얹어 놓기만 하면 된다. 오후 내내 그림을 그리다 저녁 무렵 학교에서 돌아올 때, 우리 집 창틀에 이불이 걸려 있으면 참 기분 좋다. 누군가 나를 기다리는 것 같아서. 밤에 그 '뽀드득' 하는 느낌의 이불을 덮으면 마음이 푸근해진다. 혼자 자도 견딜 만하다. 찬란한 가을, 이불 너는 것은 내 마음에 빗살무늬 하나를 더하는 일이다.

· ·

피투성
—

1927년 하이데거가 『존재와 시간』에서 설명한 실존주의 철학의 핵심 개념이다. 인간은 자신의 의도와는 상관없이 세계 속에 던져진 존재라는 뜻이다. 유한한 존재인 인간의 수동성을 의미하는 말이기도 하다. 피투성은 '염려Sorge'를 통해 자각된다. "나는 왜 여기에 존재하는가?" 하는 질문과 불안감에 사로잡힐 때 '나는 이 세계에 던져진 존재이며, 여기서 벗어날 수 없다'는 피투성을 느끼게 되는 것이다. 제한되고 수동적인 삶에 대한 인식은 오히려 죽을 수밖에 없는 존재의 의미를 적극적으로 탐색하는 '기획Entwurf'의 계기가 되기도 한다.

하이데거의 철학은 어렵기 짝이 없다. 대학 시절 한국에 번역된 하이데거 해설서를 읽어보려고 몇 번이나 노력했시만 끝까지 읽어본 기억이 없다. 독어 원서로 읽어도 하이데거의 책은 희한하게 이해가 안 된다. 다 말장난이라는 느낌만 든다.

사실 독어처럼 말장난하기 쉬운 언어는 없다. 아무렇게나 붙여도 다 말이 되기 때문이다. 일본인들이 한자의 조합으로 희한한 단어를 아무렇게나 만들어내는 것과 마찬가지다. 독일어에서 가장 긴 단어는 'Rindfleischetikettierungsüberwachungsaufgabenübertragungsgesetz'다. '쇠고기와 가축 백신 및 라벨의 감시 의무의

양도에 대한 법률'이라는 뜻이다. 이 단어는 Rindfleisch(쇠고기), Etikettierung(라벨), Überwachung(감시), Aufgaben(의무), Übertragung(양도), Gesetz(법)라는 여섯 단어의 조합이다. 이런 식의 단어는 무궁무진하다. 독일 학자들은 이런 단어를 장난처럼 만든다.

'피투성'이란 단어도 '던지다werfen'의 과거분사 'geworfen'에 '-heit'를 붙여 명사형으로 만든 것이다. 과거분사가 명사형이 되면 수동태의 의미를 갖는다. 그냥 쉽게 번역하면 '던져진 것'이 된다. 그러나 한국의 철학자들은 이 폼 나는 단어를 그렇게 쉽게 번역하면 안 된다고 생각했던 것 같다.

사실 전문가의 의무는 어려운 이야기를 쉽게 해주는 데 있다. 어려운 이야기를 어렵게 하는 것은 전문가가 아니다. 그런 의미에서 한국의 서양철학 전공자들은 직무를 유기하고 있다는 생각이 강하게 든다. 남들이 다 알아듣는 이야기로 설명하면 '쪽팔리다'고 생각하는 전문가적 허세의 근원은 도대체 어디일까?

독일 철학이 어려운 이유는 이 같은 독일어 특유의 조합어 때문이다. 서양 사람이 한자의 조합이 난무하는 동양 철학을 쉽게 이해할 수 있을까? 퇴계 이황의 철학을 접근이라도 할 수 있을까? 아니다. 우리가 헤겔, 칸트의 철학에서 느끼는 난감함보다 훨씬 더 심한 좌절감을 느낄 것이다. 헤겔, 칸트의 철학이 어렵고 난해한 이유가 내 무지 때문이 아니라는 이야기다. 그 나라 말장난이기 때문에 어려운 거다. 그 나라의 철학 수준이 높기 때문이라는 막연한 '주변부 열등감'을 이제 버릴 때가 됐다.

오스만 남작의 파리 개조

—

오늘날 파리는 누구나 가보고 싶어 하는 아름다운 도시다. 처음부터 그랬을까? 아니다. 원래 파리는 상하수도 시설이 엉망이었다. 그 아름다운 왕궁에도 제대로 된 화장실이 없었다. 아무 데나 슬쩍 일을 보았다. 여성들의 옷이 펼쳐진 우산처럼 되어 있는 이유는 아무 곳에서나 일을 보기 위해서라는 설도 있다. 골목 귀퉁이에 양산을 들고 우아하게 서 있는 여인이 사실은 소변을 보고 있었다는 거다. 아무튼 파리는 무척이나 더러웠다. 전염병이 한번 돌기 시작하면 좀처럼 그치지 않았다. 더러울 뿐만 아니라 복잡하기 그지없었다. 골목길은 미로처럼 얽혀 있었고, 그 좁은 길을 마차들이 뒤엉켜 달렸다.

런던에서 오랫동안 망명 생활을 했던 나폴레옹 3세는 런던에 비해 형편없이 후진적인 모습의 파리를 뒤집어 엎어버리기로 작정하고, 1853년 오스만 남작에게 파리의 총체적인 도시 구조 개혁을 명령했다. 오스만은 체계적인 건설 계획을 세워 도로 체계와 녹지 조성, 도시 행정 등을 통해 파리를 대대적으로 개혁했다.

그 결과 사방으로 반듯하게 뻗어나가는 직선대로와 새로운 양식의 건물들이 들어섰다. 곳곳에 녹지도 조성되었다. 상하수도 정비는 물론 가스등으로 도시의 거리를 환하게 밝혔다. 당시 과도한 공사 비용으로 파리 시민들의 불만이 컸지만, 오스만 남작의 도시 계획은 파리가 오늘날까지 세계적 관광국이자 유럽의 중심 도시로서 기능하는 데 기반이 되었다.

넓어진 길의 양쪽에는 가로수를 심었다. '불바르Boulevard'라 불리는 가로수 길 양쪽으로는 상점과 카페, 식당들이 자리 잡기 시작했다. 근대적 의미의 '재미'는 바로 여기서 시작된다.

오늘날 우리가 쓰고 있는 의미의 재미는 그리 오래된 단어가 아니다. '구경 놀이'가 가능해지면서 일상어가 되었다. 그 구경 놀이는 불바르와 같은 널찍한 상업도로가 생기면서부터 시작된 것이다. 그 이전까지의 여행은 종교적 의미의 성지순례가 대부분이었다. 그러나 구경거리가 넘쳐나는 불바르를 돌아다니며 쇼핑을 하고, 카페에 앉아 커피를 마시는 여행은 이때부터 가능해졌다.

•

해가 맑은 날

여인들은
가족을 위해 이불을 말린다.

사랑은
그 사람에 대해 생각하는 시간,
딱 그만큼이다.

여인들만이 진짜 사랑을 할 줄 안다.

남자는 절대 사랑할 줄 모른다.

...

끝나면 바로 잔다!

더 자도 된다,
조간신문은 좀 더 있어야 온다

•

언젠가부터 중년 사내들이 카카오톡으로 단체 문자를 돌려 보기 시작했다. 대부분 지리멸렬한 내용이다. 문자는 대충 세 가지로 분류할 수 있다. 억지 감동인 듯해서 많이 민망해지는 이야기, 공감은 하지만 인정하고 싶지 않은 우울한 회상, 그리고 어설픈 유머다. 물론 눈이 번쩍 뜨이는 흥미로운 자료도 아주 가끔 있다. 개그맨 남희석이 보내주는 최신 자료(!)가 아주 뜨겁다. 홍성태 교수는 취향이 특이한 자료를 많이 보내준다. 최창원 부회장의 자료는 거의 예술로 승화된 수준이다. (이 세 분께 진심으로 감사!)

똑같은 내용이 수십 번 들어오기도 한다. 지금까지 내가 가장 많이 받은 내용은 '골프와 자식의 공통점'이다. '쥐어 패면 안 된다!' '끝까지 눈을 떼면 안 된다!' 등과 같이, 피식하게 하는 내용이다. 그러나 첫 번째 공통점, 즉 '내 맘대로 안 된다!'에는 아주 심하게 공감하게 된다. 그러나 조금 시간을 두고 생각해보면 내 맘대로 '안 되는' 자식이 당연한 거다. 오히려 내 맘대로 '되는' 자식이야말로 나중에 큰 걱정거리가 된다.

세상사가 내 맘대로 안 된다고 화내는 것 자체가 참으로 어리석은 일이다. 그러나 '나름대로 성공한' 이 땅의 중년 사내들은 자신을 둘러싼 일들이 맘대로 안 되면 불안해 어쩔 줄 모른다. 통제 강박이다. 자신의 성공을 불굴의 투지와 노력 덕분이라고 주장하는 사람일수록 통제 강박에 시달린다. 그래서 자꾸 새벽 4시면 잠에서 깨는 거다. 가족 다 자는 새벽에 혼자 일어나 이제는 신문이 왔나 하며 자꾸 현관문을 열어보게 되는 것은 통제 불가능한 상황에 대한 불안 때문이다.

성공을 사회적 지위나 재화의 수준으로만 규정한다면, 성공은 순전히 '운'이다. 아무리 '열. 씨. 미.' 해도 안 되는 일이 훨씬 더 많기 때문이다. 성공에는 노력보다 재능이나 성격이 더 중요하다. 일단 재능이 있어야 한다. 지난 13년 동안의 내 교수 생활에서 얻은 결론이다. 재능 없는 학생이 '열씨미' 하겠다고 달려드는 것은 능력 없는 CEO가 '열씨미' 하는 것만큼이나 환장하는 일이다. 나이 오십을 넘겨 발견한 내 예술적 재능을 생각하면 더욱 그렇다. 전교 400등 성적으로 고등학교를 졸업한 주제에 공부하겠다고 독일 유학 가서 십몇 년 고생한 생각하면 지금도 아주 아찔하다.

성격도 매우 중요하다. 공부도 성격이다. 대개 성격 못됐고 집요한 아이들이 공부 잘한다. 내 두 아들은 성격이 아주 좋다. 좋아도 너~무 좋다. 성공도 마찬가지다. 불확실한 상황에 서슴없이 달려드는 용감한 이에게 성공의 운이 찾아올 확률이 더 높다. 매일 똑같은, 예측 가능한 상황에서 어떤 새로운 기회가 생기겠는가? 물론 그만큼의 실패도 감내할 수 있는 대담한 성격이어야 한다. 그러나 불확실성의 용기와 실패의 대담함은 노력해서 얻어지는 것이 아니다.

큰 틀에서 보자면 재능이나 성격도 다 운이라는 이야기다. 그러나 다들 '열씨미' 노력해서 성공했다고 우긴다. 도대체 왜들 그럴까? 폼 나기 때문이다. 성공을 노력의 결과로 설명하는 인과론이 산업화 시대에는 아주 폼 나는 내러티브였다. 통제 강박, 불안의 원인이 되는 이런 식의 '노력 – 성공의 인과론'은 그리 오래된 이야기가 아니다. 미국식 성공 처세서가 세계 출판 시장을 휩쓸기 시작한 20세기 후반에야 나타난 현상이다. 정신 없고 불안한 시대일수록 어설픈 '노력 – 성공의 인과론'이 잘 먹힌다. 명확하고 간결하기 때문이다.

미국의 문화사학자 스티븐 컨Stephen Kern, 1943~은 원인과 결과를 규정하는 인과론적 설명 자체가 19세기 중반의 산물이라고 설명한다. 인류 역사상 가장 급격한 변화가 일어난 시기였기 때문이다. 변화의 속도를 도무지 따라잡을 수 없었던 사람들에게 미래를 예측하고 통제할 수 있다고 믿게 해주는 변화의 인과론적 설명은 종교적 위안에 가까웠다. 이후 인과론, 결정론, 법칙, 발달, 예측 등의 개념이 인문학과 자연과학의 전문용

내 맘대로 되는 게 이상한 거다 | 2013 | 220×273 | 화지에 수간채, 석채

어로 자리 잡게 된다.

예측과 통제의 19세기적 인과론은 시대적 한계를 갖는 상대적 개념이라는 것이 스티븐 컨의 주장이다. 19세기적 인과론을 21세기의 다원화된 세계에 적용하는 것은 대단히 어리석은 일이다. 시대적 맥락을 제거한 개념의 섣부른 보편화는 온갖 부작용을 낳는다. 역사 발전의 단계론적 환원은 마르크스주의와 같은 단선론적 진보의 도그마에 빠진다. '노력 – 성공의 인과론'적 환원은 각 개인을 통제 강박과 불안이라는 막힌 길로 밀어 넣는다. '노력 – 성공의 인과론'도 마르크스주의만큼이나 시대착오적이다.

노력하지 말자는 이야기가 아니다. 대충 살자는 이야기도 아니다. 자신의 작은 성공을 '열씨미'만으로 설명하지는 말자는 거다. '열씨미의 통제 강박'에 빠지지 않아야 하기 때문이다. 불안하지 않아야 성공한 삶이다. 잠 푹 자고, 많이 웃는 삶이 진짜 성공이다.

하나 더. 사람들 앞에서 보이는 겸손은 대부분 티 나는 억지 겸손이다. 타인의 질투심을 자극해 쓸데없이 해코지당하는 일을 피하려는 비겁한 전략이기 때문이다. 가짜인 거 다 안다는 말이다. 그러나 자신의 운명에는 진실로 겸허해야 한다. 모두 내가 다 노력해서 된 거라고 우기지 말아야 한다. 그래야 새벽에 불안해하며 깨지 않는다. 좀 더 자도 된다.

운運과 노력

사람의 일이란 우연이라고 설명해야 하는 부분이 훨씬 더 많다. 운수나 재수가 7할이고, 재주나 노력이 3할이라는 '운칠기삼運七技三'이라는 고사성어도 그래서 나온 거다. 비교적 삶의 방식이 단순했던 그 옛날에도 운이 7할이나 되었다는 말이다. 사회 구조가 과거에 비해 훨씬 복잡해진 오늘날, 운이 차지하는 비율은 상상할 수 없을 정도로 커졌다. 예측할 수 없는 일들이 너무 많아졌다. 그런데도 수많은 성공 처세서는 여전히 '우공이산愚公移山'을 주장한다.

어리석은 늙은이의 무모한 시도도 끈질기게 계속되면 산을 옮길 수 있듯이, 쉬지 않고 노력하면 이룰 수 있다는 신념이다. 이 같은 성공 처세서의 배후에는 모든 사태의 책임이 개인에게 있다는 '개인주의적 세계관'이 숨겨져 있다.

서구 심리학에서는 이를 '통제의 소재locus of control'란 개념으로 설명한다. 인간은 자신에게 닥친 일의 원인을 운이나 사회 구조와 같이 자신이 통제할 수 없는 요인들에 의해 결정된다고 생각하는 '외적 통제의 소재external locus of control' 유형과 자신의 노력, 실력에 의해 결정된다고 여기는 '내적 통제의 소재internal locus of control' 유형으로 나뉜다.

더 이상 나뉠 수 없는 '개인individual'을 연구 단위로 삼는 심리학에서는 자존감이 높고, 자신의 운명을 개척하려는 사람일수록 '내적 통제의 소재' 유형이라고 본다. 이렇게 모든 심리학의 결론은 운명을 개척하고 책임지는 개인으로 귀결된다.

틀렸다는 말이 아니다. 이 같은 개인주의적 세계관의 구성사적 맥락을 제대로 이해해야 한다는 뜻이다. 그래야 무턱대고 밀어붙이는 '철없는 낙관주의'의 폐해로부터 자유로울 수 있기 때문이다.

예측과 통제

—

근대 과학문명은 우연적 요소의 제거에서 출발한다. 우연적 요소를 제거해야만 결과를 예측할 수 있기 때문이다. 예측prediction은 바로 통제control 가능의 신념으로 이어진다. 자연 현상을 예측 가능하고 통제 가능한 것으로 만들겠다는 자연과학의 이념을 근대 사회과학은 적극 수용한다. 역사학은 인간 역사를 단계론으로 파악하여 미래를 예측하고 통제하겠다는 획일적 역사발전론을 주장한다. 사회학과 심리학은 사회와 인간 행동에 관한 예측 가능한 법칙을 만들고자 한다.

특히 현대 심리학은 실험방법론을 통해 인간 행동에 관한 독립변인과 종속변인의 수학적 법칙을 만들어내려 애쓴다. 'Y=aX+b'라는 수학적 모형이다. 이때 X는 독립변인이고, Y는 종속변인이다. 독립변인 X를 조작하면 그에 상응하는 종속변인 Y의 변화를 예측할 수 있다는 것이다.

예를 들어, 부모와의 대화 시간이 독립변인(X)이라고 하고, 자녀의 성적을 종속변인(Y)이라고 할 때, 두 변인들의 수학적 상관관계를 찾아내면 자녀의 성적은 예측 가능하고 통제 가능한 것이 된다.

이 같은 실험심리학의 결정적 문제는, 지극히 단순화시킨 실험실 상황에서 만들어진 변인을 현실 상황에도 대입할 수 있다는 신념에 있다. 그렇게 간단하게 예측 가능하고 통제 가능한 현실은 가능하지도 않고, 가능해서도 안 된다. 예측과 통제에 대한 무모한 신념은 현실 상황을 아예 실험실처럼 단순화하려는 독재자의 욕망과 맞닿아 있기 때문이다.

．

'등긁개'만은 결코 사지 않으려 했다.

•

받아들이기 힘든 것을
받아들일 때

사람은
…
성숙해진다.

불안하면

숲이 안 보인다

●

국민 배우 안성기 부부가 교토에 놀러와 며칠을 함께 지냈다. 안성기 부인은 현역 배우라고 해도 믿을 정도의 미모다. 그러나 말과 행동은 참 솔직하고 시원시원했다. '안성기'라는 이름에 관한 그녀 이야기다. 원래 안성기의 아들 이름에는 '환'이 돌림자로 들어가야 한다. 그래서 큰아들이 태어났을 때 이름을 '안고환'이라고 지어야 하는 거 아닌지 심각하게 고민했다고 한다. 안성기와 안고환, 정말 어울리는 부자父子 이름 아니냐며 사뭇 장난스러운 표정으로 내게 묻는다. (다행히도 큰아들 이름은 소설가 고 최인호가 '다빈'으로 지어주었다고 한다.)

살림 욕심 많은 안성기의 부인은 다이마루 백화점 지하 식품 코너에 있는 일본 음식을 무척 신기해하며 이것저것 사려 했다. 안성기는 부인에게 한 번도 '아니다' '안 된다'와 같은 부정적 표현을 쓰지 않았다. "소영아, 그건 좀 그래" "소영아, 그건 좀 더 생각해보자"와 같은 표현이 전부였다. 천하의 안성기는 허접한 음식 봉투 한가득 들고 부인 뒤를 따라가며 연신 조심스럽게 "소영아, 이제 그만 다른 곳으로 가야 할 것 같아" 했다.

안성기는 매번 아내 이름을 참 애틋하게 불렀다. 한국의 중년 여자 대부분은 자기 이름을 잊고 산다. 누구 엄마, 아니면 누구 와이프인 까닭이다. 자녀가 성장하고 집을 떠나면 느끼는 중년 여성의 허전함은 자아 정체성의 위기로 이어진다. 안성기가 인간적으로 참 멋있어 보였던 것은 아들 둘을 군대와 유학 보낸 아내의 허전함을 끝없이 배려하는 모습 때문이었다.

중년 여성들이 느끼는 심리적 위기도 심각하지만 은퇴한 중년 남자들의 정체성 혼란은 더 심각하다. 한국 남자들에게 번듯한 명함이 사라지는 것처럼 공포스러운 일은 없다. 사람은 누구나 남들이 자신을 알아봐주길 원한다. 남들이 알아봐주는 것 자체가 권력이기 때문이다. 못 알아보는 듯하면 바로 명함을 내민다. 자기 입으로 자신을 폼 나게 설명하기 쑥스럽기 때문이다.

명함을 건네는 장면을 멀리서 살펴보면 누가 더 높은(?) 사람인지 금방 분명해진다. 서로 명함을 건넨 후의 태도가 확연히 달라지기 때문이다. 사회적 지위가 낮은 사람의 인사하는 각도가 훨씬 깊다. 그리고 낮은 사람은 많이 웃는다. 높은 사람은 조금 웃는다. 동물의 왕국에서 수컷들이 서로의 뿔 길이를 대보는 것과 마찬가지다.

그러나 그런 명함은 참 덧없다. 사장, 이사와 같은 사회적 지위는 2~3년이 고작이다. 장차관은 1년을 넘기면 다행이다. 그래서 요즘 같은 인사철이 되면 신문의 동정란을 자세히 들여다보게 된다. 나름 성공한 지인이나 친구들의 안부가 궁금해서다. 모임에서 만났을 때 실수하면 안 된다.

그렇다고 교수나 선생, 공무원처럼 정년이 긴 직업이 좋은 건 절대 아니다. 오래 살기 때문이다. 옛날에는 정년 하고 나면 바로 죽었다. 그러나 요즘은 보통 90세까지 산다. 50대에 회사를 일찍 그만두면 또 다른 일을 새로 시작해볼 수 있다. 아직 젊기 때문이다. 그러나 정년이 긴 직업은 다르다. 예순을 훌쩍 넘겨 은퇴하면 새로운 시도를 해볼 여지가 없다. 힘도 없고 용기도 없다. 정년이 길다고 자랑할 일만은 아니라는 거다.

고령화 사회의 근본 문제는 '연금'이 아니다. 은퇴한 이들의 '아이덴티티 identity'다. 자신의 사회적 존재를 확인할 방법을 상실한 이들에게 남겨진 30여 년의 시간은 불안 그 자체다. 불안은 원래 미래가 불확실한 젊은이들의 정서다. 경험과 경륜의 노인들이 불안해하는 젊은이들을 위로할 때 한 사회는 균형을 잡으며 건강하게 버틸 수 있는 거다. 그러나 오늘날 아무런 대책 없이 수십 년을 견뎌야 하는 '젊은 노인들'이 갈수록 늘어난다.

문제는, 불안하면 세상을 자꾸 좁혀서 본다는 사실이다. 숲과 나무로 비유하자면, 불안하면 자꾸 나무만 보고 숲을 보지 못한다는 이야기다. 미

생각보다 너무 오래 산 고양이 | 2014 | 148×100 | 수채화 종이에 색연필, 수채화 물감

국 사회심리학자 토리 히긴스Tori Higgins, 1946~는 인간 행동의 이유를 두 가지로 구분한다. 좋은 것에 가까이 가려는 '접근동기'와 대상을 피하려는 '회피동기'다. 세상을 긍정적으로 보고 다가가려는 접근동기는 '전체지각(숲)'을 활발하게 한다. 반면 세상을 부정적으로 보고 도망치려는 회피동기는 부분을 뜯어보는 '부분지각(나무)'을 더 촉진시킨다. 히긴스와 그의 동료는 불안하면 부분지각이 강해지고, 행복하면 전체지각이 강해진다는 것을 확인했다.

원래 노인의 지혜는 숲, 그러니까 전체를 보는 데 있다. 시력이 떨어지고 기억력이 떨어질수록 전체 맥락을 볼 수 있는 지혜가 더 확대된다는 것이 노인학gerontology의 일관된 연구 결과다. 그러나 평균수명이 길어지고 자아 정체성의 위기에 시달리는 '젊은 노인'들이 많아질수록 전체를 보고 사회의 발전 방향을 제시할 수 있는 혜안慧眼이 사라진다. 불안한 젊은이들은 나무를 보고, 불안한 젊은 노인들도 나무를 본다. 큰 틀에서 미래를 바라보는 이는 없다.

오늘날 진보와 보수의 대립은 더 이상 이데올로기의 대립만은 아니다. 제각기 불안한 세대 간의 대립이기도 하다. 그래서 선거 때만 되면 각 세대를 자극하는 포퓰리즘이 난무하는 것이다. 불안한 젊은 노인들이 보수의 이름으로 젊은 세대와 대립한다는 내 주장에 불쾌해하며 버럭 화부터 내지 않았으면 좋겠다. 자꾸 비럭 회부터 내는 것도 다 불안해서 그런 거다.

은퇴한 후에 시작될 또 다른 삶에 대해 아주 심각하게 고민해야 한다. 쥐

꼬리만 한 연금을 받아가며 그렇게 주저앉아 늙어갈 수는 없는 일이다. 평균수명 50세 시대에 만들어진 가치로 100세 시대를 살려고 하니 다들 그렇게 힘든 거다. 100년을 살 젊은 세대에게 평균수명 50세의 가치를 강요하니 더 불안해하는 거다. 따뜻한 마음으로 숲을 보는 지혜를 가져야 개인이고 국가고 편안해진다.

• •

아이덴티티
—

'자아정체성' '자기동일성'을 뜻하는 심리학 용어. 아이덴티티identity는 '확인하다' '찾다' '발견하다'의 뜻을 가진 'identify'에서 유래한 단어다. 미국의 정신분석학자 E. H. 에릭슨Erik Homburger Erikson 1902~1994이 심리학 이론으로 정립했다. 자아는 시간적 연속성을 갖고, 타인과 구별되어 확인되어야 하는 존재라는 의미다. 다문화에 노출되어 자라는 청소년의 경우, '나는 누구인가?'라는 질문이 심각하게 다가올 때가 있다. 미국이나 일본에서 자라는 한인 청소년의 경우, 자신의 문화적 아이덴티티에 대해 끊임없이 의구심을 갖게 된다. 실제로 에릭슨 역시 성장과정에서 독일인과 유대인, 덴마크인 사이에서 정체성의 혼란을 겪었다. 이 같은 스스로의 경험 때문에 그는 아이덴티티 개념을 심리학 발달이론에 적극 포함시킨 것이다.

에릭슨의 발달이론은 아동기에 발달이 끝나는 것이 아니라 중년기를 거쳐 노년기까지 전 생애에 걸쳐 계단식으로 발달이 이뤄진다고 설명한다. 각 발달 단계에는 사회적 상호작용의 양상에 따라 각기 다른 심리적 기제가 중요하게 작동한다. 중년의 한국 남자들에게는 아주 심각한 아이덴티티의 위기가 찾아온다. 명함에서 자신의 직함이 사라질 때다. 직장을 다니는 한국 남자의 모든 사회적 상호작용은 일과 관계있다. 직장 사람들, 혹은 업무상 관계있는 이들과 술 마시고, 밥 먹고, 골프를 친다. 그러나 은퇴하는 순간 그 모든 인간관계는 끝난다.

내가 누구인지 더 이상 확인할 방법이 없다. 청소년 시기에 던졌던 '나는 누구인가?'의 질문을 다시 던지게 된다. 더 이상 새로운 발달의 가능성이 보이지 않을 때, 사람은 소외감과 우울함을 호소하며 심리적으로 급격히 위축된다. 한국 남자 대부분은 그런 상태로 30여 년을 더 살아야 한다.

접근동기와 회피동기

미국의 심리학자 토리 히긴스는 인간의 동기를 두 가지 측면으로 나눈다. 접근 동기approach motivation는 자신이 원하는 목적에 접근하기 위해, 즉 무언가 좋은 결과를 얻기 위해 열심히 노력하는 것을 말하며, 반대로 회피동기avoidance motivation는 자신이 싫어하는 대상으로부터 벗어나기 위해 애쓰는 것을 뜻한다. 선생님이 학생에게 "열심히 공부하면 성공할 수 있다"라고 말하는 것은 접근동기를 심어주는 반면, "좋은 대학에 가지 못하면 낙오자가 된다"라고 하는 것은 회피동기를 자극하는 것이라 볼 수 있다.

세상일에는 접근동기로 접근해야 하는 일과 회피동기로 집근해야 하는 일이 따로 있다. 일의 결과가 바로 나타나는 일은 회피동기('그렇게 하면 손해를 본다')로 설명해야 유리하고, 결과가 나중에 나오는 것일수록 접근동기('그렇게 해야 성공한다')로 설명해야 유리하다고 히긴스는 주장한다.

예를 들어, 은퇴설계와 관련된 보험을 들도록 설득할 경우, 은퇴설계를 제대로 했을 때의 풍요로운 노년의 삶을 보여주며 설득해야 한다. 이때 은퇴설계를 제대로 하지 않아 요양원에서 병들어 늙어가는 모습을 보여주며 회피동기에 호소하는 방식은 그리 큰 효과가 없다. 먼 훗날 일어나는 일이기 때문이다. 반대로, 규칙을 지키지 않으면 큰 사고가 일어나는 일처럼, 당장 그 결과가 나타나는 경우에는 회피동기에 호소해야 한다. 그래야 반응한다.

한 가지 더. 접근동기는 상상력을 자극하고, 회피동기는 일을 치밀하게 한다. 창조적 능력이 발휘되려면 긍정적 정서를 동반하는 접근동기를 자극해야 한다. 놀듯이 일해야 창의성이 발휘된다는 이야기다. 반대로 치밀함과 정확성을 요구하는 일은 회피동기를 자극해야 한다. '제대로 처리하지 않으면 큰 사고가 터진다'와 같이 위협을 주는 방식이다. 한국에서는 왜 애플 같은 회사가 나오지 않는가를 접근동기-회피동기로 설명하면 아주 잘 이해된다.

●

발레 교습소와
꽃집에는
젊고 예쁜 여자가 있을 거라는
이 근거 희박한 환상!

이 가을,

통속하거나 외롭거나

•

매년 그렇듯이, 10월 31일이 되면 대한민국 사람들은 이용의 「시월의 마지막 밤」을 수없이 듣게 된다. 다소 촌스러운 피아노 솔로로 시작하는 그의 노래는 아무리 거지같이 끝난 인연이라도 코끝 찡한 기억이 되게 한다. 참 착한 노래다.

1980년대 초반, 휴전선 철책에서는 대북 심리전의 전술로 북쪽을 향해 나긋나긋한 우리 대중가요를 틀어줬다. 지금 생각해보면 아주 그럴듯한 전술이었다. 1982년 가을, 난 화천 북방 철책에서 매일 밤 이용의 「시월의 마지막 밤」을 반복해서 들어야만 했다. 당시 담당 심리전 요원이 가진 대중가요 테이프가 오직 그것뿐이었다.

달빛 아래, 가을 산 계곡을 타고 흐르는 이용의 노래는 20대 초반의 병사들에게 '지금도 기억하느냐'고, 꼭 그렇게 '한마디 변명도 못하고' 헤어졌어야만 했냐고 밤새도록 물었다. 그 노래가 나오면 고참, 쫄따구가 없었다. 다들 멍하니 밤하늘만 바라봤다. 매번 눈물이 핑 돌았다. 그저 모든 게 안타깝고 슬프고 그리웠다. 눈앞의 철책과 총구, 분단은 그저 관념일 뿐이었다. 오히려 이용의 떨리는 목소리가 구체적이었다.

30여 년이 지난 지금도 10월이 되면 난 그 노래를 찾아 듣는다. 적어도 그 노래를 듣는 순간만큼은 아주 착하고 순수한 생각만 하게 되는 까닭이다. 단언컨대, 난 10월의 마지막 날에 음탕한 생각 따위는 해본 적이 없다.

이용의 노래와 함께 가을이 되면 나도 모르게 중얼거리게 되는 시구가 있다. "인생은 그저 낡은 잡지의 표지처럼 통속하거늘…." 고등학교 때 처음 읽은 박인환1926~1956의 시 「목마와 숙녀」다.

시인이 한 잔의 술을 마시면 반드시 이야기해야 한다는 그 '버지니아 울프Adeline Virginia Woolf, 1882~1941'를 당시 난 진짜 늑대라고 생각했다. 여류 작가라고는 꿈에도 생각 못 했다. 그래서 나도 그 폼 나는 늑대처럼 평생 '론리 울프'가 되기로 결심했다. 내 친구 귀현이는 더 황당한 주장을 한다. 가수 박인희가 박인환의 친척이라는 거다. 이름의 두 글자가 같기 때문이란다. 며칠 전 만났는데 또 우긴다.

박인희는 박인환의 또 다른 시 「세월이 가면」을 노래했다. 이 노래도 기막히다. "사랑은 가도, 옛날은 남는 것, 여름날의 호숫가 가을의 공원…" 급한 호흡으로 이어지는 시구를 따라 읽다 보면 막연한 그리움에 진짜 숨이 막혀온다. 당시 식민지와 전쟁을 거쳐 흙바닥까지 황폐화된 이 나라에 도대체 호수가 어디 있고, 벤치는 또 뭐였을까. 그래서 같은 시대의 시인 김수영1921~1968은 박인환을 "그저 폼 잡기에 급급한 시인"이라며 비웃었다.

사실 박인환의 시는 많이 뜬금없다. 부활 김태원의 노래 가사처럼 도무지 맥락이 애매한 이미지의 연속이다. 대학 시절 우리는 그의 시를 김수영의 시와 비교하며, 식민지 지식인의 철없는 모더니즘이라고 비웃었다. 그때는 박인환을 비웃고 김수영을 읽어야 폼 났다. 그러나 나이가 들수록, 또 가을이 돌아올 때마다 자꾸 박인환의 시가 파편처럼 떠오른다. 김수영의 시는 의도해야만 기억난다. 박인환을 중얼거리면 그가 던지는 실존의 질문을 반복하게 된다. 통속할 건가, 외로울 건가. 고립을 피하여 시들어갈 건가, 아니면 목마를 타고 떠난 숙녀처럼 혼자 갈 건가.

"사랑은 가도 옛날은 남는 것"과 같이 무어라 명확하게 규정할 수 없는, 그러나 마음 따뜻해지는 이런 종류의 기억을 심리학에서는 '노스탤지어 nostalgia'라고 한다. 한국어로는 향수 혹은 그리움으로 번역된다. 그러나 노스탤지어는 좀 더 복잡한 심리 상태다.

노스탤지어는 17세기 요하네스 호퍼Johannes Hofer, 1669~1752라는 스위스 의사가 자신의 박사 학위 논문에서 처음 사용했다. 그리스어의 '귀향'을 뜻하는 '노스토스nostos'와 '고통'을 뜻하는 '알고스algos'를 합쳐 만든 단어다. 스위스 용병들이 고향을 그리워한 나머지 소화불량, 감기, 우울, 졸도, 심지어는 죽음에까지 이르는 증상을 보고, 이를 뭉뚱그려 노스탤지어라고 칭한 것이다.

스위스 용병들은 죽어가며 한결같이 고향 산골짜기의 풀 뜯는 소 방울 소리가 들린다고 했다. 호퍼는 고향이 그리운 나머지 죄다 뇌에 이상이 생겼다고 진단했다. 젠장, 의사들은 예나 지금이나 꼭 그런 식이다. 그 후 노스탤지어는 현실에 적응하지 못하고 과거나 고향을 그리워하는 현상을 뜻하는 정신병리학적 용어로 자리 잡는다. 그러나 노스탤지어는 사실 그렇게 꼭 부정적인 것만은 아니다.

최근 미국 노스다코타 주립 대학 심리학과의 로웃리지C. Routledge 교수는 노스탤지어야말로 삶을 의미 있게 만드는 기능을 한다고 주장했다. 노스탤지어가 잘 작동하는 사람들은 삶의 태도가 긍정적이며, 자의식이 강할 뿐만 아니라 스트레스 상황을 더 잘 견딘다는 것이다. 그는 노스탤지어의 심리적 기능을 세 가지로 정의한다. 긍정적 기분, 의미 부여, 관계 형성.

뒤집어 설명하면, 기분이 나쁠 때나 우울할 때 혹은 외로울 때, 아름답고 따뜻했던 시절의 노스탤지어가 작동해 삶을 의미 있고 즐거운 것으로 되돌려놓는다는 것이다. 이 가을에 작동해야 할 노스탤지어가 결핍된 이들은 그래서 더 우울하고, 더 외롭고, 더 기분 나빠진다. 그러니까 며칠 후면 아무도 기억하지 않을 일에 자꾸 핏대를 세우는 거다.

단언컨대 목마를 타고 떠난 그 소녀는 애마부인이 되었을 거다 | 2013 | 275×410 | 화지에 수간채, 석채

이 찬란한 가을에 좁은 방 안에 틀어박혀 각종 신문의 정치면, 사회면만 들여다보며 매번 빤한 이야기에 열 받지 말자는 이야기다. 도대체 몇 명이나 '좋아요'를 눌러주나 하며 손바닥만 한 스마트폰에 온종일 머리 처박지도 말자는 거다.

떨어지는 낙엽에 늙어가는 것을 슬퍼할 일이 아니다. 이 가을에는 아름답고 기분 좋은 것들만 기억해야 한다. 또 먼 훗날 즐겁고 가슴 찡하게 기억할 만한 것들을 죽어라 만들어놓아야 한다. 앞으로도 오래 살아야 하기 때문이다. 그러라고 낙엽도 지고 단풍도 드는 거다.

풍요로운 노스탤지어의 가을을 보내야 추운 겨울을 견딜 수 있다. 곧 추워진다.

· ·

버지니아 울프와 의식의 흐름 기법

—

영국의 대표적인 여류 소설가. 『출항』(1915), 『밤과 낮』(1919), 『댈러웨이 부인』(1925) 등의 소설이 유명하다. 1929년에 발표된 그녀의 에세이 『자기만의 방』은 페미니즘의 교과서로 여겨질 정도로 큰 반향을 얻었다. 그녀는 고정직인 수입과 자기만의 방만 있다면 '여성 셰익스피어'는 얼마든지 나올 수 있다고 주장하며 가부장제와 성적 불평등을 조목조목 비판한다.

소설『댈러웨이 부인』은 '의식의 흐름 기법stream of consciousness'을 사용해서 유명해졌다. 일반적으로 소설은 시간의 흐름에 따라 진행된다. 주인공의 과거, 현재, 미래의 순서다. 물론 주인공의 현재부터 시작해서 과거로 거슬러 올라가는 경우도 있다. 그러나 시간의 흐름이라는 서술 방식을 벗어나는 것은 아니다. 반면, 의식의 흐름 기법은 화자의 생각을 떠오르는 대로 서술하는 방식이다.

의식의 흐름 기법을 사용한 대표적인 소설은 프루스트의『잃어버린 시간을 찾아서』다. 주인공이 뜨거운 홍차에 마들렌을 적셔 먹자 기억이 꼬리에 꼬리를 물고 떠오른다. 이 같은 의식의 흐름 기법을 이용한 소설은 시간의 흐름에 따른 서사에 익숙한 이들에게는 매우 난해하게 여겨진다. 버지니아 울프는 여성 작가로서는 최초로 이 기법을 사용했다.

사실 이 기법은 '자유연상법free association method'이라는 심리학 방법론을 소설에 차용한 것이다. 초기 심리학은 인간 내면을 파헤치기 위한 방법론이 매우 빈약했다. 특히 인간 무의식에 관한 정신분석학 이론을 주장한 프로이트는 무의식에 접근할 수 있는 적절한 통로가 없다는 생각에 무척 괴로워했다.

이때 그의 제자였던 칼 구스타브 융Carl Gustav Jung, 1875~1961은 '자유연상기법'을 변형한 '단어연상기법'을 제안해 프로이트의 후계자로 인정받게 된다. (후에 융의 급격한 성장을 두려워한 프로이트는 그를 정신분석학파에서 제명한다.) 단어연상기법이란 환자의 머릿속에 떠오르는 단어들을 나열하도록 하는 방식이다. 떠오르는 대로 나열된 단어들이야말로 무의식에 접근하는 통로라는 것이다.

박인환이 자신의 시에 버지니아 울프를 언급한 이유는 바로 이 의식의 흐름 기법 때문이라는 것이 내 생각이다. 박인환의 시에 나타나는 뜬금없는 이미지의 연속은 그의 의식이 흘러간 결과인 것이다. 부활의 김태원이 작사한 노랫말의 논리 전개가 황당한 이유도 의식의 흐름 기법의 결과다. '버지니아 울프 – 박인환 – 김태원'은 이렇게 연결되는 것이다. 내 의식의 흐름에 따라 생각해보니 그렇다는 거다.

박인환과 김수영

—

박인환과 김수영은 해방과 한국 전쟁의 혼란을 함께한 동료였다. 나이는 김수영이 다섯 살 위였지만, 자신의 나이를 5~6세 부풀려 이야기했던 박인환과 김수영은 서로 친구처럼 지냈다. 박인환이 죽을 때까지 그의 실제 나이를 아는 사람이 없었다. 함께 몰려다녔지만 두 사람의 취향과 시의 지향점은 극과 극이었다.

한때 둘은 다른 시인들과 함께 『새로운 도시와 시민들의 합창』이라는 시집을 내기도 했다. 그러나 시간이 흐르면서 김수영은 박인환을 '경박한 유행 추종자'로 비난했다. 박인환은 박인환대로 김수영을 눈치만 보는 '비겁한 현실주의자'로 무시했다.

몰락한 갑부의 아들로 태어난 김수영은 원하는 고등학교에 입학하지 못한다. 잔병치레가 잦았던 까닭이다. 선린상업학교 야간부를 졸업한 후, 일본 유학과 만주 생활을 거쳐 서울로 돌아오지만, 제대로 된 직장을 얻지 못하고 방황한다. 이 시절에 박인환을 만나 문인들과의 모임을 전전하며 시간을 보낸다.

1950년 한국 전쟁이 터지고, 미처 피난 가지 못한 김수영은 인민군으로 징집되어 북한으로 끌려갔다. 평양에 유엔군이 진주하자 인민군에서 풀려나지만 곧바로 거제도 포로 수용소로 끌려간다. 우여곡절 끝에 자유인이 되어 여러 가지 직업을 전전하지만 결국 닭을 키우며 살게 된다. 간간히 발표하는 시들은 여전히 '모더니즘'의 울타리를 벗어나지 못하고 있었다.

소시민적 삶을 살던 김수영은 4·19를 거치면서 이전과는 전혀 다른 모습을 보이게 된다. 질곡의 역사를 벗어나지 못하는 이 땅의 현실에 대한 발언을 과감하게 하기 시작한 것이다. 자신의 표현대로 '불온 시'를 발표하기도 했지만, 산문을 통해 자신의 정치적 의견, 문학의 기능 등에 관해 강력한 주장들을 쏟아낸다. 심지어는 '반시론反詩論'을 주장하기도 한다. 문학의 사회참여를 몸으로 주장하던 김수영은 이어령과 '문학의 사회참여'에 대해 치열한 논쟁을 벌이던 1968년, 교통사고로 그만 세상을 떠나고 만다.

박인환은 김수영보다 12년 일찍 죽었다. 1956년 천재 시인 이상의 추모일을 맞아 3일 동안 계속 술을 마시다가 갑작스러운 심장마비로 세상을 떠난 것이다. 박인환에게 척박한 이 땅의 현실은 그리 중요한 것이 아니었다. 아무리 현실이 괴로워도 시와 문학은 아름답고 폼 나는 것, 우아한 것을 추구해야 한다고 생각했다. 그의 시에서 고통스러운 현실에 대한 기록은 찾기 힘들다.

그의 시는 서구적 이미지와 낭만적 취향, 도시적 감상으로 가득 차 있다. 그의 대표작 「목마와 숙녀」에 나오는 이미지들만 보더라도 김수영의 비판대로 어설픈 '유행 추종자'의 모습이 그대로 드러난다. 그러나 박인환의 시는 아름답다. 온통 가슴 시린 이미지로 가득 차 있다.

김수영이 1980년대 군부독재에 저항하던 학생운동을 통해 부활했다면, 박인환의 부활은 순전히 가수 박인희의 노래 덕분이다. 박인희는 「목마와 숙녀」「세월이 가면」만 노래한 것이 아니다. '우리 모두 잊혀진 얼굴들처럼 모르고 살아가는 남이 되기 싫은 까닭이다'로 시작하는 박인환의 또 다른 시 「얼굴」도 박인희의 노래다. 1970년대 말, 박인희가 노래한 박인환의 시들은 여고생들의 노트 한구석에 꼭 적혀 있었다.

김수영의 시가 가진 저항과 진보의 신념이 옳다고 박인환을 현실을 외면한 철없는 서구 추종자로 폄하해서는 안 된다. 박인환의 시가 아름답다고 김수영의 시가 가진 경직성을 비난해서도 안 된다. 김수영의 시만 읽어야 한다는 주장은 박인환의 시만이 진짜라고 하는 주장만큼이나 황당하다. 문학과 예술은 산만하고 다양해야만 한다. 그래야만 지금과는 다른 세상을 꿈꿀 수 있다. 아무튼 한 가지만 옳다는 확신에 찬 이들이 제일 무서운 거다.

관광지의 쇼핑은 숭고하다.

살면서

타인을 기쁘게 하려고
이토록 오랜 시간
이토록 곰곰이
생각한 적이 있었을까?

관광객이 아닌 나는
소프트 아이스크림 하나 사 들고
돌아선다.

PART 2

남에 의해
바뀌면
참 힘들다

한 해가 시작되는
진짜 이유

•

독일 TV의 주말 프로그램에서는 꼭 소프트 포르노를 틀어줬다. 독일에 처음 유학 가서 크게 놀랐던 것 중 하나다. 피 끓는 한국 청년에게는 엄청난 문화적 충격이었다. 매 주말마다 눈이 벌게지도록 봤다. 그러나 한 달 꼬박 보고 나니 이내 심드렁해졌다. 음란함에 대처하는 아주 특이한 독일식 처방이었다.

두 번째로 놀랐던 것은 독일 TV의 「주말의 명화」였다. 할리우드 전쟁 영화를 아주 자주 보여줬다. 할리우드 전쟁 영화란 미군이 반드시 '좋은 사람'이고, 독일군은 무조건 '나쁜 놈'으로 나오는 영화를 말한다. 그런데 독일 TV에서, 그것도 우리나라 KBS와 같은 ARD·ZDF와 같은 공영방송에서 독일군이 나쁜 놈으로 나오는 할리우드식 전쟁 영화를 아무 거리낌 없이 틀어주고 있었다. 내게는 포르노보다도 더 충격적인 일이었다.

제2차 세계 대전 당시의 독일군이란 자신들의 아버지다. 아무리 나치 시대 일이라도 자신들의 아버지가 나쁜 놈으로 나오고, 온갖 흉악한 짓을 저지르다가 잘생기고 용감한 미군 총에 집단적으로 살해당하는 영화를 주말마다 아무렇지도 않은 듯 보여주는 것이 과연 가능한 일일까? 그걸 지켜보는 독일 사람들은 전혀 괴롭지 않을까? 독일 친구들에게 수없이 물어보고 내가 내린 결론은 이렇다. 그들은 나치 시대의 독일을 자신들의 독일로 여기지 않는다는 거다.

히틀러의 나치는 악령에 홀린, 광기의 시대였다. 그 광기에 대한 역사적 책임을 통감하고 무한 책임을 지겠다는 것이 독일 사회의 일관된 자세다. 나치 시대의 악령과 어떠한 심리적 동일시同一視도 허용하지 않는다. 할리우드 전쟁 영화에 나오는 그 끔찍한 독일 군인들과 자신들은 아무런 상관없다. 그렇기 때문에 영화 주인공인 미군 관점에서 영화를 볼 수 있는 것이다.

히틀러의 나치 시대와 심리적 단절에 성공했다는 이야기다. 지식인들의 역사 담론으로부터 일상에서 경험하는 TV 드라마에 이르기까지 홀로코스트라는 집단 기억을 철저하게 반복했기에 가능했다. 이는 그리 간단한 일이 아니다. 엄청난 심리적 고통을 감수해야 했다. 끊임없이 자기 연민의 '희생자 놀이'에 몰두하는 일본과 비교해보면, 독일 사회의 나치 시대 극복이 얼마나 고통스러웠을까는 충분히 예상할 수 있다. (자랄 때 참 초라

하게 자기변명을 해야 할 때가 있었다. 그때마다 우리 엄마는 내게 그랬다. "너, 참 너절하다." 오늘날 아베의 일본은 '참 너절하다'. 사람이건 국가건, 너절해서 사랑받고 존경받는 경우는 없다.)

자신의 과거와 단절하는 일은 시간의 연속성으로 설명하는 역사 서술의 기본 원리를 수정해야만 가능한 일이다. 그래서 독일 문화학자 얀 아스만Jan Assmann, 1938~과 알라이다 아스만Aleida Assmann, 1947~ 부부는 역사란 시간이 아니라 '기억', 더 정확하게 말하면 '문화적 기억Kulturelles Gedächtnis'이라고 주장한다.

역사는 사회문화적 맥락에 따라 선택적으로 재구성된다는 '기억 이론'은 프랑스 사회학자 모리스 알박스Maurice Halbwachs, 1877~1945의 '집단 기억 mémoire collective'에서 출발한다. 역사 서술이란 결코 객관적일 수 없으며, 언제나 '상호 주관적'으로 기억되는 집합적·구성적 특징을 가진다는 주장이다. 이런 집단 기억 혹은 문화적 기억의 수단은 역사 교과서의 텍스트에 국한되지 않는다. 영화, 그림, TV 드라마, 박물관, 미술관, 동상에 이르기까지 그 매체가 다양하다. (그렇게 보면, 광화문 광장에 나란히 세워진 이순신 장군 동상과 세종대왕 동상으로 매개되는 문화적 기억은 상당히 당황스럽다. 서로 다른 장소에서 기억되어야 한다.)

오늘날 한국 사회의 문제는 문화적 기억이 그리 쉽게 하나로 수렴되지 않는다는 사실에 있다. 기억의 매체가 너무 다원화되어 있는 까닭이다. 종이 신문을 보는 사람들은 종이 신문으로 집단 기억을 구성한다. 페이

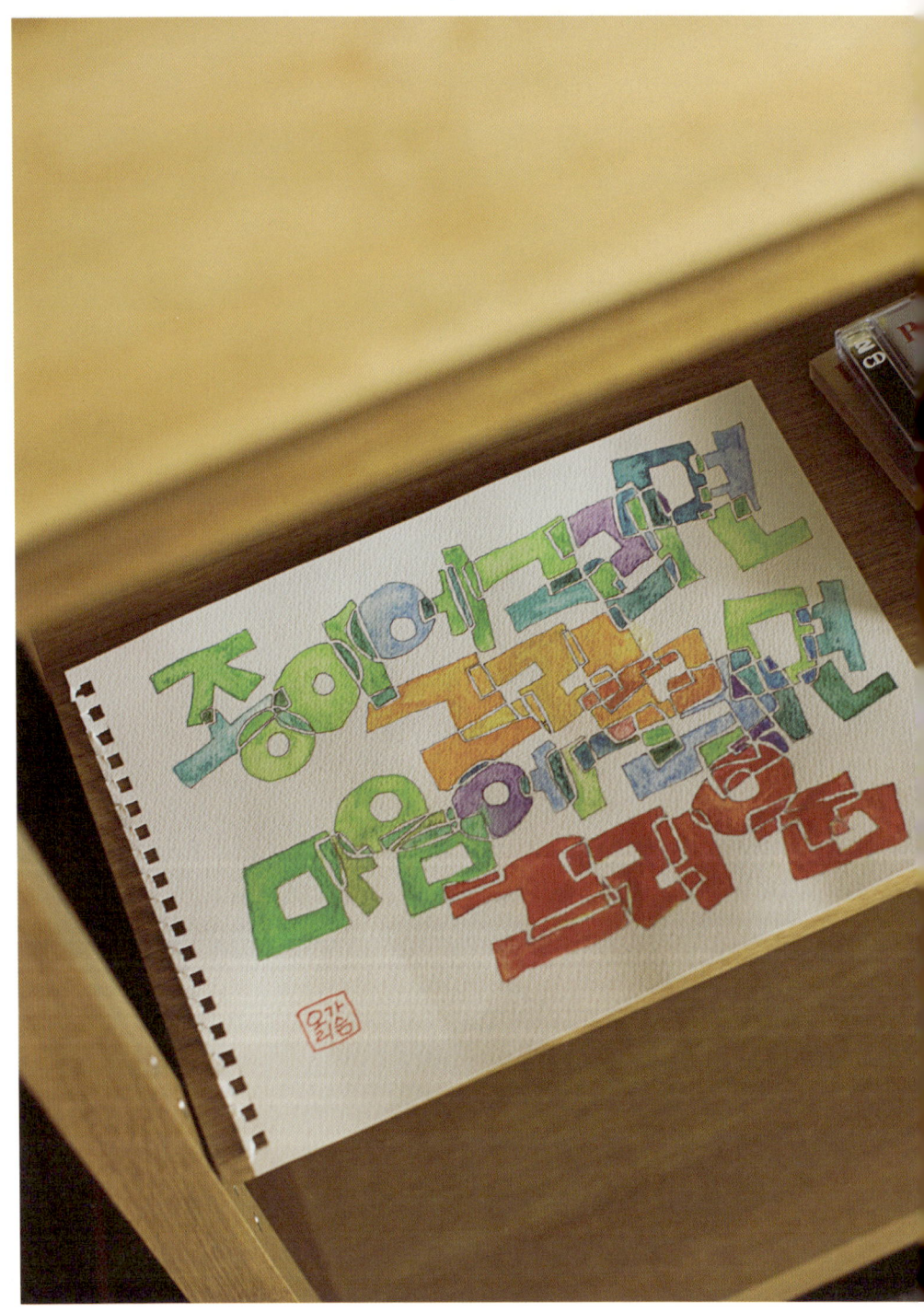

종이에 그리면 그림이 되고, 마음에 그리면 그리움이 된다 | 2015 | 250×190 | 수채화 종이에 유성펜, 수채화 물감

스북, 트위터로 소통하는 이들은 자신들만의 집단 기억을 만들어나간다. 이들의 집단 기억과 초저녁 종편 TV 정치 평론가들의 하이톤에 익숙한 사람들의 집단 기억은 전혀 다르다. 집단 기억이 너무 파편화되어 한 국가의 구성원이 공유할 수 있는 역사 내러티브는 더 이상 존재하지 않는 듯하다. 그러나 아무리 의견이 달라도 '함께 산다'는 공동체적 전제가 사라지면 안 된다. 그래서 위기인 거다. 더 큰 문제는 각각의 집단 기억이 갖는 정서적 내용이다. 한마디로 요약하자면 '분노'다.

새로운 한 해를 분노와 원망으로 시작할 수는 없는 일이다. 이렇게 출발하는 한 해가 잘되길 바라는 건 참으로 과한 욕심이다. 분노의 대안은 '고마움'과 '감사함'이다. 가족도 마찬가지다. 누구 말대로 '아무도 보지 않는 밤에 몰래 내다 버리고 싶을 때'가 자주 있는 것이 가족이다. 그래도 함께 사는 것은 어려운 시절을 함께 견뎌준 서로에 대한 고마움 때문이다. 그래서 새해가 되면 온 가족이 죽어라 모이는 거다. 떨어져 지내니 너무 그리워서 그렇다. 모든 공동체의 구성 원리는 동일하다. 공유할 수 있는 감사함에 대한 집단 기억이 없다면 그 공동체는 더 이상 유지될 수 없다.

인간이 가진 가장 아름다운 정서는 '그리움'이다. 글과 그림, 그리움의 어원은 같다. 종이에 그리면 그림이 되고, 마음에 그리면 그리움이 된다. 고마움과 감사함은 그리움의 방법론이다. 고맙고 감사한 기억이 있어야 그리움도 생기는 거다. 분노와 원망으로 황폐화되고 파편화된 한국인의 집단 기억에 결여되어 있는, 고마움의 기억을 찾아나가는 한 해가 되어야 한다. 어떻게든 찾아내야 한다. 그래야만 생각 차이, 의견 충돌도 견뎌낼 수 있다. 그래야만 우리가 함께 살아야 할 이유가 생긴다.

좀 '유치한' 도덕 교과서 같은 이야기인 거 나도 안다. 그러나 이렇게 착한 결심 하자고 한 해가 새로 시작되는 거다. 그러지 않고서야 멀쩡하게 계속되는 시간의 흐름을 일 년 단위로 끊고, 새롭게 시작해보자고 심각하게 결심할 이유가 없다. 담배나 끊자고, 살이나 빼자고 한 해가 이토록 요란하게 시작되는 거 절대 아니다.

· ·

기억 이론

20세기 후반의 포스트모더니즘 논쟁 이후, 역사학은 궁지에 몰렸다. 역사 발전, 혹은 진보에 근거한 근대 역사학의 기본 전제가 흔들렸기 때문이다. 최근 지구촌 곳곳에서 일어나는, 민족주의의 부활로 인한 갈등의 양상은 역사의 수레바퀴가 거꾸로 돌아가는 것처럼 보인다. 객관적 사실에 근거한 실증주의 역사 서술의 한계도 분명해졌다. 그 숱한 '사실들'에서 중요하다고 여겨지는 '사실'을 선택하는 과정 자체는 결코 객관적일 수 없기 때문이다.

탈출구의 하나는 '문화사'다. 정치 권력의 변천에 근거한 역사 서술이나 경제, 사회구조의 변화에 기초한 기존의 역사학이 그동안 사소하게 여겨온 문화에 초점을 맞춰 역사를 서술하는 방식이다. 요즘 쏟아져나오는 '책의 역사' '지식의 역사'

'화장실의 역사'와 같은 경우다. 그 소재는 무궁무진하다. 그러나 이 같은 문화사는 지적 호기심을 채워줄 수는 있으나, 현실의 모순을 극복하려는 시도로 이어지기는 힘들다.

또 다른 시도는 '기억이론'이다. 그동안 개인의 심리적 차원에서 논의되던 '기억'을 집단의 차원으로 끌어올린 것은 프랑스의 사회학자 모리스 알박스다. 집단기억이란 과거를 단순히 있는 그대로 회상한다는 의미가 아니다. 사회적 상황과 맥락에 따라 기억이 재구성된다는 것을 뜻한다.

개인의 기억도 이 같은 집단기억과의 관계 속에서 새롭게 구성된다. 파편화되고 불완전한 개인적 차원의 기억은 집단이나 타인을 통해 새로운 의미를 부여받을 수 있기 때문이다. 물론 반대의 경우도 있다. 작가나 예술가의 개인기억이 집단기억과 만나게 되는 경우다.

이어령 선생은 '빛을 되찾았다'는 의미의 집단기억으로서의 '광복절光復節'을 또다른 '광복光復'의 개인기억으로 보완한다. 일제 강점기에는 밤만 되면 등화관제로 "불 꺼!"라는 소리가 끊이지 않았다. 해방이 되자 더 이상 불 끄라는 외침은 들리지 않았다. 밤이 깊어도 마음대로 불을 켜고 책을 읽을 수 있게 된 것이다. 광복光復, 실제로 빛을 되찾은 것이다.

그리움

—

가장 아름다운 단어를 꼽으라면 세계 어느 나라에서나 두 단어는 꼭 포함된다. '어머니'와 '그리움'이다. 특히 그리움은 예술적 영감의 원천이 된다. 그래서 그리움을 주제로 한 문학이나 음악이 그렇게 많은 거다. 독일 가곡에서 직간접적으로 그리움Sehnsucht과 관련된 노래를 빼면 부를 노래가 그리 많지 않다.

우리말에서 '그리움'은 세계 그 어떤 단어보다도 아름다운 말이다. '그리움'은 그림畵, 글書과 어원이 같다. 모두 '긁다'라는 동사에서 유래된 말이다. 긁는다는 것이 뾰족한 도구로 대상에 그 흔적을 새기는 행위라고 할 때, 활자의 형태로 긁는 것은 '글'로, 선이나 색을 화폭 위에 긁는 것은 '그림'이라는 말로 변형되었다고 볼 수 있다. 어떤 생각이나 이미지를 마음속에 긁는 것은 '그리움'이 된다. 참으로 기막히게 아름다운 단어다.

막연한 그리움이 현실 속에서 실현 가능한 것으로 변할 때 생기는 심리적 반응은 '설렘'이다. 행복의 기준은 바로 이 설렘의 유무다. 그저 느긋하고 여유로운 상태는 행복이 아니다. 금방 지루해진다. 아무리 사소한 일이라도 설렘이 동반된다면 참으로 행복한 시간이 된다. 사랑에는 그리움과 설렘이 동반된다.

•

오래 걸으면
…
'외로움'은
'그리움'이 된다.

남에 의해 바뀌면
참 힘들다

●

참 잘생겼는데, 머리가 엄청 크고 하체는 많이 짧은 내 후배 김경일 교수
는 제주 올레길을 다녀온 사람들의 인지적 변화를 연구했다. 올레길에서
무엇을 느꼈느냐고 물어보면 당장은 별 대답을 못한다고 한다. 그러나
며칠 후 물어보면, 대부분 "그동안 꽉 막혀 있던 것이 뻥 하고 뚫렸다"며
"올레길에 무슨 효험이 있는 듯하다"고 대답한다는 것이다. 김 교수는 올
레길의 그 '효험'을 영국 사회심리학자 월러스Graham Wallas, 1858~1932의
부화孵化 개념으로 설명한다.

창조적 사고에 관한 선구적 연구자인 월러스는 창조적인 문제 해결을 위
해서는 그 문제로부터 몸과 마음이 일시적으로 떠나 있는 시간이 필요하
다고 주장한다. 해결이 안 되는 심각한 문제로부터 잠시 떠나 전혀 다른

생각에 몰두하고 있을 때, 문제 해결을 위한 통찰이 불현듯 찾아온다는 것이다. 마치 닭이 알을 품고 있는 부화의 시간처럼, 창조적 해결을 위한 침묵의 시간이 필요하다는 이야기다. 옳다. 안 풀리는 문제를 계속 끌어 안고 있어봐야 아무 도움이 안 된다. 풀리지 않는 문제로 괴롭고 힘들면 무조건 그 문제로부터 잠시 벗어나야 한다.

단지 며칠 동안 올레길을 걷는 것만으로도 생각이 바뀐다. 삶의 맥락脈絡이 바뀌면 아예 존재 자체가 달라진다. 그렇게 속 썩이던 아이가 군대에 가면 전혀 다른 인간이 되는 경우가 그렇다. 내 아들이 그랬다. 면회를 가거나 휴가 때 만나면 그 의젓함이 이루 말할 수 없었다. 너무 자랑스러웠다. 말년 병장 때는 자신의 포상 휴가를, 어머니가 편찮으시다며 괴로워하는 이등병에게 양보했다. 그 기간에 내 아들 녀석은 유격 훈련을 받았다. 난 너무 감동한 나머지 잠시 아내를 의심했다. 나 같은 이기적利己的 인간에게 어찌 저런 이타적利他的 아들이 가능할까 해서다.

그러나 제대하니 이건 말짱 도루묵이다. 아주 게으르고 '드~럽다'. 군대 가기 전의 내 아들로 완벽하게 다시 돌아왔다. 얼굴 마주칠 때마다 아주 환장한다. 그렇다면 군대에 있던 그 의젓하고 폼 나는 아들이 진짜인가, 아니면 이 게으르고 드~러운 아들이 진짜인가?

둘 다 진짜다. 존재란 항상 자신이 속한 맥락을 포함허기 때문이다. 존재의 본질을 규정하는 맥락에 관한 설명은 '텍스트text'를 '콘텍스트context'와의 관계로 설명하려는 해석학에서 유래한다. 그러나 맥락의 의미가 인문·사회과학의 본격 탐구 영역이 되기 시작한 것은 20세기에 이르러서다. 바흐친의 대화주의, 사회학의 상징적 상호작용론, 게슈탈트 심리학Gestaltpsychologie, 비고츠키의 사회문화적 인지론 등이 여기에 해당된다.

이 이론들에 따르면 주체를 둘러싼 사회문화적 맥락은 단지 주체의 행동에 영향을 미치는 외적 요인에 불과한 것이 아니다. 맥락 자체가 주체를 구성하는 한 부분이 된다. '맥락적 주체主體'를 전제해야만 문화가 어떻게 내면화되어 인간 의식의 일부분이 되고, 그다음 세대로 전승될 수 있는가를 설명할 수 있기 때문이다.

특히 독일의 게슈탈트 심리학은 맥락을 구체적인 심리학적 연구 대상으로 삼았다. 인간은 사물을 지각할 때 사물의 각 부분을 따로 인식하지 않고 하나의 통합된 형태, 즉 '게슈탈트Gestalt'로 파악한다. 이때 중요한 부분은 전경前景, Vordergrund이 되고, 그 나머지는 배경背景, Hintergrund이 된다. 마치 사진을 찍을 때 인물만 뚜렷하게 나오게 하고, 나머지 부분을 흐리게 처리하는 아웃포커싱과 같은 원리다. 문제는 이 전경과 배경의 관계가 고정돼 있지 않다는 사실이다.

게슈탈트 심리학적 원리를 심리 치료에 응용한 게슈탈트 치료법에 따르면, 삶이란 이 전경과 배경의 관계가 끊임없이 변화하는 과정이다. 삶의 어떤 부분이 관심의 초점이 되어 전경이 되면 나머지는 배경이 된다. 그러나 시간이 흘러 맥락이 바뀌면 지금까지의 전경은 배경으로 물러나고, 배경이었던 부분이 전경으로 올라온다. 이러한 게슈탈트의 끊임없는 형성과 해소의 과정이 내 삶의 '내러티브narrative'가 되는 것이다.

문제는 전경과 배경의 전환이 매끄럽지 않을 때다. 배경으로 물러나야
할 전경이 계속 버티고, 전경으로 올라와야 할 배경이 애매할 때다. 내 삶
의 이야기가 매끄럽지 않다는 거다. 맥락에 따라 달라져야 하는 게슈탈
트 형성이 뒤엉켜 있는 상태가 지속되면 참 힘들다. 자신만 힘든 것이 아
니다. 주위 사람 모두를 힘들게 한다.

가르치거나 지시하는 직업을 가졌던 이들이 은퇴하면 대부분 이렇게 된
다. 고위 공무원, 교수, 회사 임원, 장군, 정치인 같은 직업을 가졌던 사람
들이다. 삶의 맥락이 바뀌어 자신의 존재가 바뀐 것을 도무지 의식하지
못한다. 맨날 했던 이야기를 하고 또 한다. 삶의 게슈탈트 형성이 망가졌
다는 이야기다. 정말 그러면 안 된다.

삶의 게슈탈트를 바꾸는 방법은 대충 세 가지다. 첫째, '사람'을 바꾸는
거다. 항상 같은 사람들을 만나 똑같은 이야기를 반복하지 말아야 한다.
동창회, 산악회 같은 것은 아주 '쥐약'이다. 새로운 사람들을 만나고 그들
의 이야기를 경청할 수 있어야 삶의 게슈탈트가 건강해진다.

둘째, '장소'를 바꿔야 한다. 장소가 바뀌면 생각과 태도도 바뀐다. 내가
일본에서 몇 년 지내보니 진짜 그렇다. 요즘 난 내 아들보다 더 게으르고
드~럽게 산다. 제대한 그 녀석은 내 아들이 확실하다.

내 발자국-내 이야기 | 2014 | 1170×905 | 화지에 수간채, 석채

마지막으로 '관심'을 바꾸는 것이다. 전혀 몰랐던 세상에 대해 흥미가 생기면 공부하게 된다. 새로운 사실을 깨치고 경험하게 되는 것처럼 기쁜 일은 없다. 긍정적인 게슈탈트 전환이다. 이 세 가지 중에서 관심을 바꾸는 것이 제일 중요하다. 관심이 바뀌면 사람도 바뀌고 삶의 장소도 바뀌기 때문이다.

아무튼 나 스스로 게슈탈트 전환이 가능해야 한다. 스스로 안 되면 남에 의해 억지로 바뀌게 된다. 아, 세상에 그것처럼 괴로운 일은 없다.

· ·

부화
—

사실 창조적 사고가 어떻게 가능한가에 대한 이론은 그렇게 많지 않다. 그 가운데 영국의 심리학자 월러스의 창조적 사고 과정에 관한 설명이 가장 많이 인용된다. 그는 창조적 사고의 과정을 준비 단계preparation stage, 부화 단계incubation stage, 발현 단계illumination stage, 검증 단계verification stage의 4단계로 나누었다.

먼저, 준비 단계에서 문제를 분석하고, 그에 대한 자료를 수집한다. 이 과정에서는 가능한 한 많은 자료가 축적되어야 한다. 가용 자원이 많아야 한다는 뜻이다. 그다음 부화 단계에 이르면, 미성숙했던 생각이 어느 정도의 시간을 거친 후 숙성된 아이디어로 나오게 된다. 이 부화 단계가 얼마나 걸리는가는 사람에 따라 다르다. 세 번째 발현 단계에서 순간적인 직관이나 통찰로 문제에 대한 해결책을 찾게 되며, 마지막 검증 단계에서 아이디어를 정리해 발전시킨다.

'창조경제'를 부르짖는 한국 사회에서 가장 부족한 부분이 바로 이 부화 단계다. 지난 수십 년간 정신없이 달려오기만 한 한국인들은 창조경제 또한 여전히 열심히 하면 된다고 생각한다. 준비 단계에서는 물론 열심히 해야 한다. 그러나 부화 단계는 열심히 하는 것과 전혀 상관없다. 그 문제로부터 물리적·심리적으로 떨어져 있는 시간이 바로 부화 단계다.

문제의 콘텍스트에서 벗어나 있는 시간에서 불현듯 해결책이 발견되는 것이다. 이 시간이 바로 휴식이고 여가인 것이다. 주5일 근무제는 바로 이 부화 단계를 위한 제도다. '불금'이라고 밤새 폭탄주나 마시라고 생긴 제도가 아니다. 창조적 사회의 필수 조건이 '부화의 시간'이기 때문이다.

나는 지난 10여 년간 정부의 여가정책포럼 위원장, 대통령정책자문위원회 전문위원, 한국여가문화학회 회장 등의 역할을 맡으며 주5일 근무제가 구체화되는 과정에 적극 참여했다. 공휴일과 일요일이 겹치면 참으로 억울해지는 듯해서 '대체휴일제'를 만드는 일에도 앞장섰다.

'일과 삶의 조화work-life-balance', '번아웃burn-out'과 같은 개념도 내가 가장 앞서 도입했다. 정부 회의 기록, 연구 보고서를 찾아보면 그 흔적이 다 나온다. 그 과정에서 내 몸과 마음은 심하게 망가졌다. 늘어난 주말의 시간을 즐기는 대한민국 국민이라면 정말 내게 많이 고마워해야 한다. 그런데 아무도 기억해주지 않는다. 그래서 이렇게 내 책 한 귀퉁이에서라도 생색을 내보는 거다. 이해해주시라.

내러티브

—

'내러티브narrative'는 '이야기' '서사' 등으로 번역된다. 인지심리학자 제롬 브루너Jerome Seymour Bruner, 1915~는 인간의 사고를 둘로 나눈다. '패러다임 사고

paradigmatic thought'와 '내러티브 사고narrative thought'다. 패러다임 사고는 자연과학적 사고다. 원인과 결과의 상관관계에 관한 추론, 객관적이고 보편적인 논리에 기초한 사고다. 반면 내러티브 사고는 행위의 의도, 해석, 의미 부여의 과정과 관련되어 있다. 우리 삶의 기쁨, 슬픔은 대부분 이 내러티브 사고의 영향을 받는다. 근대 이후, 인문사회과학은 자연과학적 모델을 차용해 인간 행위의 객관적 설명에 집중해왔다. 인간 또한 논리적이고 과학적인 사고를 하는 합리적 존재로 파악했다. 그러나 20세기 후반 포스트모더니즘 담론이 대두되면서 객관적이고 보편적인 '하나의 세계'가 해체되기 시작했다. 이후 다양한 세계관, 표상 형식이 포함되는 '이야기narrative'의 해석이 중요한 연구 영역으로 대두된다. 이를 브루너는 '서사적 전환narrative turn'이라고 부른다.

사람은 생각해서 이야기하는 것이 아니라 이야기하려고 생각한다. 삶의 의미는 이야기 속에서 만들어진다. 서로 관계없어 보이는 사건들이 이야기 속에서 편집되면서 의미를 획득한다.

내가 책을 쓰는 방식도 일관되게 내러티브적 속성을 포함한다. 전혀 관계없는 내 개인적 서사와 한국 사회의 집단 서사, 혹은 유럽이나 일본의 서사가 내 글을 통해 서로 얽혀 들어간다. 객관적이고 보편타당해 보이는 학문적 서사 또한 내 개인사에 얽혀 들어온다. 내 구체적 삶과는 전혀 관계없어 보이는 학문적·집단적 서사가 내 개인 서사와 맞닿으면서 새로운 해석의 차원이 가능해지는 것이다.

진정한 '재미'란 바로 이 같은 '이야기의 재미'인 것이다. 그래서 나는 내 글쓰기를 전문 용어로 'B&G'라 칭한다. B&G는 'BBeong&Gura(뻥&구라)'의 약자다.

•

불안하거나
화가 나 있으면
…
그림을
그리지 못한다.

구체화할 수 없다면
가짜다

•

한 달 가까이 유럽의 박물관, 미술관을 헤매다 돌아왔다. 몇 년 전부터
'인터벨룸interbellum', 즉 두 번의 '세계 전쟁 사이between the wars'에 일어난
'인식 혁명'을 추적하고 있다. 문명사에서 통합적 설명이 가장 빈약한 부
분이다. 독일의 나치즘으로 인해 모든 지적 흐름과 자료가 흩어져버려서
다. 게슈탈트 심리학의 기원을 추적하려고 시작한 공부가 감당할 수 없
을 정도로 커졌다. 태어나서 가장 재미있게 공부하고 있다. 젠장, 처음부
터 공부가 이처럼 행복하고 즐거웠다면 난 이미 노벨상 탔어야 한다.

최근 독일이나 영국의 박물관, 미술관에서는 구입한 책을 해외로 직접
배송해주는 서비스를 시작했다. 파리와 빈의 서비스는 아직 멀었다. (잘
난 선조 덕에 게으르고 뻣뻣한 이들은 언젠가는 아주 큰코다친다!) 예전에는 감히

엄두도 못 내던 그 두꺼운 예술서들을 미친 듯이 사서 부쳤다. 일부 책들은 나보다 먼저 집에 도착해 있었다. 책장에 꽂혀 있는 묵직한 책들의 표지만 보고 있어도 마냥 행복하다. 그러나 이 책들보다 나를 더 흥분시켰던 일이 있었다.

내가 가장 좋아하는 화가인 파울 클레Paul Klee, 1879~1940와 에곤 실레Egon Schiele, 1890~1918의 그림이 주는 독특한 느낌의 비밀을 깨달은 것이다. 어느 순간부터 내게 클레의 선과 실레의 색이 주는 느낌이 참 특별해졌다. 클레의 따뜻함과 실레의 그로테스크한 섹슈얼리티를 한 장의 그림에 섞을 수만 있다면 엄청 절묘할 것 같았다. 그런데 아무리 공부해도 그들 그림이 주는 묘한 느낌의 원인을 찾을 수 없었다. 많이 낙담했다. 그런데 이번에 바로 그 비밀을 찾아낸 것이다.

우선, 실레의 그림이다. 실레의 에로틱한 그림이 비장한 느낌을 주는 것은 '구아슈gouache'라는 불투명 수채화 물감 때문이다. 물론 순전히 내 생각이다. 빈의 레오폴드 박물관에 잔뜩 걸려 있는 실레의 적나라한 여자 그림 밑에는 대부분 구아슈라는 불투명 수채화 물감을 사용했다는 설명이 붙어 있었다. 그 그림들은 몇 번이나 봤지만, 물감 설명은 이번에 처음 봤다. 궁금해야 눈에 보이는 거다. 요즘 구아슈라는 물감은 거의 안 쓴다. 구아슈는 아무리 밝은 색을 써도 수채화의 밝음과는 전혀 다른 느낌이 드는, 아주 음흉한 물감이다.

클레의 경우는 좀 치사(!)했다. 스위스 베른의 클레 미술관에서 상영되는 다큐멘터리 필름을 주의 깊게 보고 있자니, 클레가 선을 긋는 모습이 잠시 나왔다. 아, 비밀은 바로 먹지였다. '재현representation'에서 '표현expression'으로의 패러다임 전환을 시도했던 클레는 다양한 표현 수단을 실험했다. 먹지를 사용해 선을 긋는 것도 그중 하나였다. 아주 간단한 선의 표현 방식을 달리하는 것만으로도 클레는 전혀 새로운 미학적 경험 세계를 창조했다. 뭐, 이 정도 내용이야 미술을 전공한 사람이라면 상식일 수도 있겠다. 하지만 내 절실한 궁금함을 직접 관찰하며 스스로 깨달았을 때의 그 기쁨은 옷을 다 벗고 춤추고 싶을 정도였다.

공부라는 구체적 경험을 다시 배우는 요즘이다. 스스로의 간절한 필요가 있어야 공부의 방향이 명확해지고, 그래야만 공부가 재미있어진다. 30여 년 죽어라 공부하고, 또 10여 년 교수 생활을 하고도 제대로 못 느껴봤던 진짜 공부를 나이 오십 넘어 뒤늦게 하고 있다. 삶도 마찬가지다. 내가 원하는 것이 구체적이지 않으면 절대 행복해질 수 없다. 돈은 아주 막연한 거다. 그 돈으로 뭘 하고 싶은지 분명하지 않으면 돈은 재앙이다. 사회적 지위도 마찬가지다. 그 지위를 가지고 내가 뭘 하고 싶은 것인지 분명치 않으니 다른 사람들 굴복시키는 헛된 권력만 탐하게 된다.

돌아오는 비행기 안에서 비슷한 주장의 책을 읽었다. 행복과는 전혀 상관없어 보이는, 아주 비장한 외모의 서은국 교수가 쓴 『행복의 기원』이라는 책이다. 교수들의 글은 대부분 결론이 애매하다. 명확한 결론에 따른 비난을 감수하기 싫어서다. 그러나 서 교수의 메시지는 아주 간결하고 분명하다. 행복감이란 생존과 종족 보존을 위한 수단일 따름이며, 행복은

구체적 추상-클레+실레+피카소 Ⅳ │ 2014 │ 210×295 │ 수채화 종이에 구아슈, 먹지

아주 구체적으로 경험할 수 있는 것이어야만 한다는 주장이다. 그의 진화심리학적 설명이 자주 맘에 안 들었지만 그 과감한 주장은 모처럼 감동적이었다. 그가 주장하는 행복이란 한마디로 '좋아하는 사람과 함께 맛있는 거 먹는 데 있다'는 거다. (이렇게 단순한 결론에 이르기 위해 서 교수가 얼마나 많은 연구와 문헌을 조사했는지는 그의 책을 직접 한번 읽어보시라!)

나도 수년간 마찬가지 주장을 해왔다. 행복하려면 하루에 가장 많은 시간을 보내는 곳에서 구체적으로 기분이 좋아야 한다. 대부분 침대에서 가장 많은 시간을 보낸다. '고급 호텔이 기분 좋은 이유는 하얀 시트 커버와 백열등의 부분 조명 때문이다' '집의 침실을 호텔처럼 하얀 침대 시트 커버와 부분 조명으로 바꾸면 누구나 잘할 수 있다' 등등. 허약한 외모의 서 교수는 '먹는 것'을 강조했고, 한때 왕성했던 나는 '자는 것'을 강조한 차이일 뿐이다. 서 교수와 나의 주장을 합치면 행복의 조건은 더욱 분명해진다. 좋아하는 사람과 맛있는 것 자주 먹고, 하얀 시트 커버의 침대에서 잘하는 거 혹은 잘 자는 거다. 행복은 아주 구체적이고 감각적인 경험이다.

난무하는 자기계발서의 추상적 언어로 아무리 자기최면을 걸어도, 자신의 구체적 생활 언어로 번역할 수 없다면 결코 행복해질 수 없다. 행복뿐만이 아니다. 삶을 지탱하는 모든 가치와 이념이 그렇다. 추상적 언어가 현실에서 제대로 기능하려면 구체적 어휘로 번역될 수 있어야 한다. 아무리 아름답게 포장되었다 할지라도, 내 삶에서 구체화될 수 없다면 그건 순 가짜다. 거짓말이라는 이야기다.

리더를 자처하는 이들의 현란한 미사여구가 헷갈릴수록 질문해야 한다. 구체화할 수 있는가?

• •

파울 클레

스위스에서 태어났지만 독일 추상 회화의 대표적 화가라고 할 수 있다. 그는 현실을 직접적으로 묘사하는 구상미술과 주관적·상징적으로 나타내는 추상미술 모두를 아우르는 자신만의 독특한 화풍을 갖고 있다. 클레의 그림은 한마디로 착하다. 그러나 새로운 세계에 대한 열망은 그 누구보다도 강하고 집요했다.

특히 전혀 다른 영역으로 여겨지던 음악과 미술을 연관시켜 새로운 예술 세계를 개척하려는 그의 노력은 죽을 때까지 계속되었다. 클레의 특별함은 바로 음악과 미술의 '에디톨로지editology'다.

「빨강의 푸가」(1921), 「A장조 풍경」(1930) 등의 작품을 보면, 색채를 음표처럼 배열해 그렸음을 알 수 있다. 발터 그로피우스Walter Gropius, 1883~1969가 바이마르에 세운 공예학교 '바우하우스Bauhaus'의 교사로 초빙받아 갔을 때는 학생들에게 선과 색채를 음악에서의 음표처럼 사용하라고 가르치기도 했다. 음의 높낮이, 장단에 따라 선의 두께와 길이를 달리하여 표현하는 공감각적 회화를 시도하기도 했다.

클레의 그림은 독일의 사상가 발터 벤야민Walter Benjamin, 1892~1940의 글을 통해 더 유명해졌다. 실제로 벤야민은 클레의 그림 「새로운 천사Angelus Novus」(1920)를 직접 소장하기도 했다. 이 그림에 대해 벤야민은 「역사의 개념에 대해서」라는 글에서 이렇게 묘사한다. '이 그림의 천사는 마치 자기가 응시하고 있는 어떤 것으로부터 금방이라도 멀어지려고 하는 것처럼 묘사되어 있다. 그 천사는 눈을 크게 뜨고 있고, 그의 입은 벌어져 있으며, 또 날개는 펼쳐져 있다. 역사의 천사도 바로 이렇게 보일 것임에 틀림없다.'

클레와 실레는 참으로 극과 극의 화가다. 그런데 왜 내가 동시에 두 사람을 좋아하는지 모르겠다. 내게 이들의 이름은 모네와 마네처럼 정겹다. 모네, 마네, 하네, 마네, 클레, 실레, 할래, 말래….

에곤 실레

—

오스트리아는 참 희한한 나라다. 1918년 제1차 세계 대전에서 그 화려하던 합스부르크 왕조가 막을 내리고 이제는 독일에 빌붙어(?) 먹고사는 처지지만, 근대 오스트리아 문화예술의 화려함은 유럽의 다른 나라들을 압도했다. 특히 세기말의 빈은 '근대'의 상징이라 할 수 있을 만큼 새로운 사상으로 충만했다. 프랑스 파리를 능가한다는 게 내 생각이다. 파리는 거품이 많다. 빈은 알짜만 모아놓았다.

프로이센과의 전쟁에서 패하고 비스마르크가 주도한 독일 통일의 과정에서 소외되었지만, 세기말의 오스트리아 빈은 문화적으로 가장 창조적인 도시였다. 당시 빈에서 활동한 이들을 생각나는 대로 꼽자면, 철학에는 비트겐슈타인, 심리학에는 프로이트, 음악에는 말러, 쇤베르크, 미술에는 클림트, 실레, 코코슈카, 문학에는 슈니츨러, 호프만슈탈, 건축에는 오토 바그너, 로스 등 다양한 분야에서 셀 수 없을 정도로 많은 사람이 있다. 이들은 대부분 서로 다 알고 지냈다. 경계를 뛰어넘는 지적 교류가 이뤄졌다는 이야기다. 그중에서 내게 가장 흥미로운 사람은 에곤 실레다. 프로이트보다도 흥미롭고 애정이 간다.

잘츠부르크가 모차르트의 초콜릿으로 먹고산다면, 빈은 한동안 클림트의 그림으로 먹고살았다. 그러나 최근 들어서는 실레를, 빈을 상징하는 인물로 밀고 있다. 도시 곳곳이 실레의 그림으로 도배되어 있다. 그의 그림은 섹슈얼리티, 불안, 강박, 그리고 그러한 자신을 결코 포기할 수 없는 나르시시즘의 표현이다.

실레는 선생이자 친구인 구스타프 클림트Gustav Klimt, 1862~1918의 아류로 시작해서, 선생을 능가하는 화가로 세상을 떠났다. 누릴 수 있는 모든 것을 다 누린 클림트에 비해 실레의 삶은 방황과 갈등의 반복이었다. 결혼하여 겨우 안정될 즈음 그는 불과 28세의 나이로 세상을 떠났다.

선생인 클림트가 56세의 나이로 사망한 같은 해, 실레도 아주 우아하고 폼 나는 자세로 죽음을 맞는다. 그의 사망 직후 사진을 보면 훗날 그가 왜 '빈의 제임스 딘'으로 불렸는가를 잘 알 수 있다.

실레의 붓질은 고흐의 붓질보다 훨씬 거칠다. 한동안 나는 그의 붓질만 흉내 냈다. 실레 그림의 압권은 그림에 나타난 인물들의 손이다. 그토록 지적이면서, 동시에 음란하게 손을 표현한 화가는 없다.

아무도 이야기하는 사람이 없고 자료도 없지만, 실레의 그림과 일본 망가의 관계도 내겐 아주 흥미로운 부분이다. 실레 그림에 가끔 남겨진, 동양화의 낙관을 흉내 낸 실레 특유의 사인이 그 실마리다.

만약 다시 태어날 수 있는 기회가 내게 주어진다면, 그림은 꼭 에곤 실레처럼 그릴 거다. 그러나 일상의 삶은 클림트나 피카소처럼 오랫동안, 많은 여인들의 사랑을 받으며 사는 게 좋을 것 같다.

KBS 1FM,

해가 늦게까지 남아 있는
여름에는
6시에 시작하는 「전기현의 세상의 모든 음악」을

점심 먹고 나면 바로 어두워지는
겨울에는
4시에 시작하는 「정세진의 노래의 날개 위에」를
들어야 한다.

그래야 눈의 초점을 제대로 맞출 수 없는
기분 좋은, 멍한 상태로
오래 있을 수 있다.

어릴 적, 자주 그렇게
멍하니 있었다.

'뒤로 자빠지는 의자'를
사야 한다

●

반응이 없거나 성의 없는 인간들을 한둘씩 쳐내다 보니, 이제 몇 명 안 남았다. 그렇지만 내 처절한 교토의 일상을 몇 번이고 보고 간 김갑수, 윤광준이 이렇게 무심할 수는 없는 거다. 자기 페북에는 허접스러운 글만 잔뜩 올리면서, 내 카톡에는 아주 성의 없이 단문의 대답만 하는 '내 친구 귀현이'도 이젠 아웃이다. 아내의 문자 또한 영혼 없는 이모티콘뿐이다.

꼭 1년 전 일본에서 그림 공부를 시작했을 때, 그림이 완성될 때마다 아는 이들에게 사진을 찍어 보냈다. 모두들 놀라워했다. 특히 젊은 처자들의 반응이 열화와 같았다. '와아~ 멋쩌당' '어머 교수님, 놀라워요!' 어쩌고 했다. 그러나 이제는 다들 썰렁하다. 아예 내 문자를 '씹기(!)'까지 한다. 가증스러운 것들.

고독과 소외감으로 아주 쉽게 분노하고, 삐치며, 자신을 둘러싼 환경에서 우울한 단서들만 찾아내 괴로워하는 '고약한 노인네 증후군'이 오십 초반인 내게 벌써 찾아온 거다. 이유는 간단하다. 이곳의 내 모든 인간관계가 감각적 구체성을 상실했기 때문이다. 메일이나 문자를 통한 사이버스페이스상의 인간관계란 지극히 피상적일 수밖에 없다.

사이버스페이스cyber space는 말 그대로 텅 비어 있는 공간이다. 현상학적 지리학을 대표하는 캐나다 토론토 대학교의 이푸투안段義孚, Yi-Fu Tuan, 1930~ 교수는 막연하고 추상적인 '공간space'과 구체적인 감각적 경험을 통해 의미가 부여되는 '장소place'를 개념적으로 구분한다. 그에 따르면 공간은 구체적 행위나 상호작용을 통해 가치 있는 장소로 바뀐다. 집에 들어가면 제일 먼저 커튼을 걷고 창문 너머의 먼 곳을 내다보는 미국식 삶이 공허한 이유는, 집이 장소가 되지 못하고 공간이 되기 때문이라고 그는 주장한다. 집이 '사는 곳'이 아니라 '사는 것'에 머무르는 이런 현상을 가리켜 또 다른 지리학자인 에드워드 렐프Edward Relph, 1944~ 교수는 '장소 상실placelessness'로 정의한다. 한국의 아파트야말로 장소 상실의 대표적 사례다.

스마트폰을 매개로 하는 상호작용으로는 아무리 용을 써도 이 황량한 '장소 상실'에서 벗어날 수 없다. 'ㅋㅋㅋ' 'ㅎㅎㅎ'를 죽어라 반복하고, 각종 심란한 이모티콘을 제아무리 화려하게 구사해도 어림 반 푼어치도 없는 일이다. 사이버스페이스는 결코 시공간적 구체성을 가진 장소가 될 수 없기 때문이다.

내가 온종일 스마트폰만 붙잡고 고국의 친구들이 날 기억해주길 바라는 한, 장소 상실로 인한 고약한 노인네 증후군은 피할 수 없다. 나만 그런 게 아니다. 눈만 뜨면 스마트폰에 머리 처박고 사는 이 땅의 중년 남자들이 고약한 노인네가 되는 것도 한순간이다. 하루가 멀다 하고 등산 사진을 카톡에 올리고, 시간 날 때마다 남들 페북을 돌아다니며 '좋아요'를 죽어라 누르고 다녀도 장소 상실로 인한 허탈함은 메워질 수 없다. 시공간적 좌표를 갖는 삶의 구체성이 상실되었기 때문이다. 그래서 인터넷상의 못된 악플러 절반 이상이 중년 남자라는 거다.

의자를 사야 한다! 뒤로 약간 자빠지듯 편안하게 앉을 수 있는, 그런 의자를 사야 한다. 의자야말로 공간을 의미 있는 장소로 만드는 가장 훌륭한 수단이기 때문이다. 왕과 귀족의 지배에서 풀려난 근대 부르주아가 제일 먼저 한 일은 자신들만의 의자를 만드는 것이었다. 그 유명한 '치펜데일 풍風 의자'가 바로 그것이다. 의자에 앉았을 때, 주체로서 삶이 확인된다.

오늘날도 마찬가지다. 거지 같은(!) 성격 때문에 평생 대인관계 장애에 시달렸던 애플의 스티브 잡스가 어디로 이사 가든, 르 코르뷔지에Le Corbusier, 1887~1965가 디자인한 1인용 가죽 소파만큼은 꼭 들고 다녔던 것도 결코 우연이 아니다. 사이버스페이스에서 겪게 되는 장소 상실로 인한 우울함을 가장 잘 알고 있었기 때문이다. 그에게 '뒤로 자빠지는 의자'는 구원이었다.

앞에 서 있는 사람을 한없이 기죽이는 권력용 회전의자나 검사 앞의 접는 철제 의자는 결코 아니다. 허리 꼿꼿이 세워 앉아야 하는 사무용 의자 또한 절대 아니다. TV 보다가 자기도 모르게 쓰러져 자게 되는, 3인용 인조가죽 소파는 정말 최악이다.

한쪽 팔로 턱을 괴고 기품 있게 사색하거나, 턱을 만지작거리며 우아하게 책을 읽을 수 있는, '자세 나오는' 의자여야 한다. 의자는 성찰이기 때문이다. 때로는 맞은편 사람을 그윽한 표정으로 바라보며 이야기할 수 있어야 한다. 그 폼 나는 의자에 앉아서 스마트폰 따위를 만지작거리는 일은 정말 없어야 한다.

숟가락을 잡으면 뜨게 되고, 포크를 잡으면 찌르게 된다. 도구가 행위를 규정한다는 말이다. 도구는 의식을 규정하기도 한다. 아주 편하고 기분 좋게 앉을 수 있는, 뒤로 자빠지는 의자로 규정되는 의식이란 바로 '소통과 관용'이다.

IT 강국을 자처하는 한국에서 가장 시급하게 필요한 일은 국산용 뒤로 자빠지는 의자를 대량 생산하는 일이다. 서양의 롱다리를 위해 디자인된 수입 의자에서 짧은 다리를 꼬고 앉기란 여간 힘든 게 아니기 때문이다.

아무튼 이 땅의 중년 사내들이 고약한 노인네 증후군에 빠져 헤어나지 못하는 이유는 바로 이 소통과 관용의 뒤로 자빠지는 의자가 없기 때문이라고 나는 생각한다. 뭐… 순전히 내 생각이다!

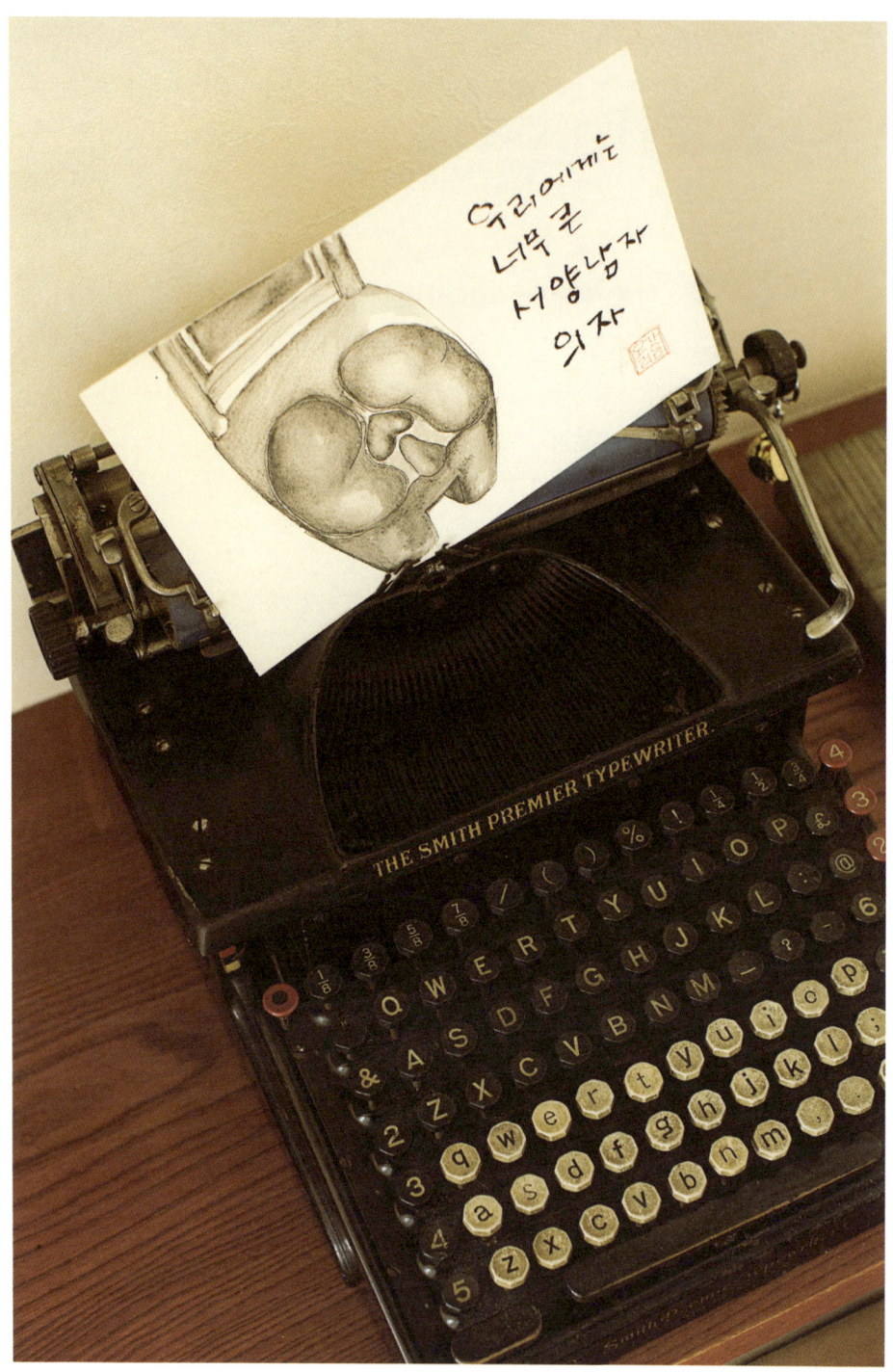

우리에게는 너무 큰 서양 남자 의자 | 2014 | 227×158 | 수채화 종이에 연필, 수채화 물감

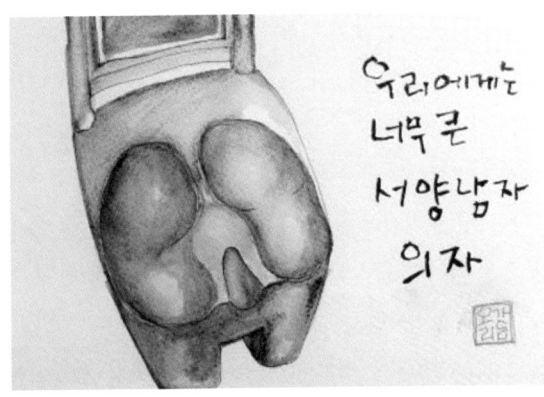

우리에게는
너무 큰
서양남자
의자

|

신문에 주요 부분이 삭제된 채 실린 내 그림(왼쪽 그림이 원본).

신문사 편집자가 내 그림이 무척 부담스러웠던 모양이다.
그 아름다운 '하트 부분'을 지우고 신문에 실었다.
너무 허전한 그림이 되었다.

|

..

사이버스페이스

—

사이버스페이스란 인터넷을 통해 생겨난 새로운 가상의 공간을 뜻한다. '통치자' 또는 '조타수'의 뜻을 가진 그리스어 'kybernetes'에서 온 'cyber'와 공간의 'space' 가 결합된 단어다. 우리말로는 '가상공간'으로 번역한다. 그러나 사이버스페이스 는 엄밀한 의미에서 공간이라고 할 수는 없다. 사람들을 서로 연결시켜주는 '네 트워크network'인 까닭이다. 그러나 언젠가부터 이 새로운 세상을 사이버스페이 스, 즉 '가상공간' 혹은 '가짜공간'이라고 부르기 시작했다. 공간의 메타포를 떠나 서는 달리 표현할 단어가 없어서다.

사이버스페이스의 가장 큰 특징은 '상호성interactive'과 '익명성anonimity'이다. 다 양한 방식의 상호작용이 가져다주는 지적 경험의 풍요로움과 익명성을 통해 인 류는 탈중심화, 탈권위주의를 획득했다. 여태껏 겪어보지 못한 새로운 세계의 가 능성을 발견한 것이다. 그러나 동일한 이념, 가치를 공유하는 집단의 소속원 사 이에서 일어나는 왜곡된 지식의 재생산 과정은 상호성이라는 사이버스페이스의 최고 가치를 파괴하기 시작했다. 아울러 일상 세계의 감각적·정서적 상호작용이 사라진 사이버스페이스에서는 육체적 경험과 인지적 과정의 분열이 일어난다. 이는 여러 가지 형태의 심리적 부작용을 낳는다.

이푸투안

1930년 중국 첸진에서 태어난 중국계 미국인으로, 위스콘신 대학교 매디슨캠퍼 스 지리학과 명예교수다. 원래 지형학을 공부했지만, 캐나다 토론토 대학으로 가면서 인문지리학 분야로 관심 영역을 바꾸었다. 1960년대 이후 논리실증주의 지리학을 비판하고, 현상학에 바탕을 둔 인본주의 지리학을 주장하면서 새로운 조류를 만들어냈다. 인류학, 건축학, 행동심리학, 문학, 신학 등의 다양한 분야에서 지리적 경험들을 추출해 공간과 장소가 갖는 의미를 우리가 쉽게 이해할 수 있는 방식으로 설명했다. 대표 저서로 『장소애Topophilia』1974와 『공간과 장소Space and Place』1977가 있다.

이푸투안이 근대사상사에서 중요한 이유는 '지리학'이라는 변두리(?) 학문을 인문사회과학의 주요 영역으로 끌어올렸다는 사실에 있다. 인문사회과학에서 시간에 비해 공간은 그리 폼 나는 연구 대상이 아니었다. 근대사에서 공간, 특히 지리는 민족주의 혹은 국가주의와 깊은 관계가 있었기 때문이다. 아무리 잘 다뤄도 본전을 찾기 어려운 연구 대상이었다. 그러나 냉전시대가 끝난 후, 공간이 문화사 연구의 중요한 영역으로 편입되는 '공간적 전환spatial turn'이라는 인식론적 변화가 일어난다. 바로 이 지점에 이푸투안이 있는 것이다.

잡스의 의자, 르 코르뷔지에의 그랑 콩포르

청바지와 터틀넥, 운동화 차림의 잡스가 애플의 신제품 발표회장에서 여유로운 모습으로 앉아 있던 의자가 있다. 검정색 가죽의 정육면체 1인용 소파. 모더니즘을 추구하는 건축가이자 디자이너 르 코르뷔지에의 작품 '그랑 콩포르Grand Comfort(위대한 편안함)'다. 스위스 태생의 프랑스 건축가 르 코르뷔시에는 현대건축에 지대한 영향을 끼치며 20세기 문화를 이끌었다. 그의 대표작 그랑 콩포르는 인체의 비례를 고려한 가장 편안하고 아름다운 의자로 평가받는다.

건축가인 르 코르뷔지에가 의자를 디자인했다는 사실은 그리 신기한 일은 아니다. 20세기 초반, 시대를 앞서갔던 건축가들은 대부분 의자를 디자인했다.

르 코르뷔지에와 더불어 세계 3대 건축가로 꼽히는 프랭크 로이드 라이트Frank Lloyd Wright, 1867~1959, 루트비히 미스 반 데어 로에Ludwig Mies van der Rohe, 1886~1969도 스스로 의자를 디자인했다. 독일 바우하우스 교장이었던 발터 그로피우스도 자신의 집무실 의자를 직접 디자인했다. 왜 그랬을까?

의자는 '남자의 물건'이다. 남자들의 공간에서 의자가 차지하는 의미는 단순한 기능적 차원을 뛰어넘는다. 의자는 남자의 사회적 지위, 권력, 자부심, 아이덴티티를 압축적으로 보여준다. 의자는 권력이다. 사회적 지위가 달라지면 제일 먼저 바뀌는 것이 의자다. 한때 한국 사회에서 '회전의자'가 가졌던 의미를 한번 기억해보라. 남자들은 돈과 권력이 생기면 의자부터 바꿨다.

후기 산업사회에 들어서면서 의자는 또 다른 의미를 획득한다. '일과 삶의 균형'이 새로운 가치가 되면서 의자는 휴식과 성찰의 상징이 되기 시작한 것이다. 꼿꼿이 세워졌던 등받이는 편안하게 뒤로 눕기 시작하고, 발받이를 앞에 두어 편안하게 눕는 자세까지 가능해졌다. 이젠 아주 그럴듯한 안마의자까지 나왔다.

오늘날 의자는 '위로'다! 돈 생기면 제일 먼저 비싸고 우아한 의자를 사야 한다. 돈 좀 아끼겠다고 싸구려 의자, 짝퉁 의자를 사면 반드시 후회한다.

쓴 커피를 마시며
내가 주로 하는 일은
카톡의 프사를 확대해서 보는 일이다.

젊은 처자의 사진이 바뀌어 있으면
참 반갑다. 바로 문자를 보낸다.
아무 반응 없다.

'친구 차단'을
누른다.

'친구 처단'이라
읽는다.

행복은 철저하게
음악적이다

●

노래방에서 「마이웨이」 따위는 절대 부르지 말아야 한다. 나이 들수록 부하 직원들 앞에서 눈 꼭 감고 「마이웨이」 같이 처지는 노래를 부르는 일은 없어야 한다. 자기 감정에 취해 금방이라도 울 듯한 표정의 부장님 뒤에서 백코러스 해야 하는 것처럼 고단한 일은 없다. 자꾸 느려지는 박자에 맞춰 두 손을 머리 위로 흔들어야 하는 까닭이다.

나이 들면 빠른 노래는 더 이상 부르지 않게 된다. 박자 맞추기가 어려워서다. 그러나 노래방 점수는 결코 멜로디로 결정되지 않는다. 박자로 결정된다. 그만큼 음악에서는 박자가 중요하다. 음치는 교정 가능하다. 그러나 박자가 흔들리는 '박치'는 답이 없다. 물론 음치와 박치는 대부분 함께 나타난다. 원인을 잘 진단해보면 박치이기 때문에 음치가 된 경우가 많다. 박자가 틀리면 좌우간 구제 불능이다.

음악의 박자가 이토록 중요한 이유는 몸의 동작과 관련되어 있기 때문이다. 원시 음악의 기능은 몸을 움직이게 하는 데 있었다. 함께 춤추고 노래하며 원시 공동체는 유지되었다. 적의 공격을 물리치거나 병마와 싸울 때도 노래하며 춤을 췄다.

음악을 들으면 몸은 저절로 움직이게 되어 있다. 몸이 움직이면 마음은 따라 움직인다. 오늘날 클래식 음악의 위기는 음악과 몸동작이 분리되면서부터 시작되었다. 클래식 음악 연주회장에 들어가면 오직 지휘자만 몸을 움직일 수 있다. 음악이 연주되는 동안 관객은 꼼짝하지 말아야 한다. 아무리 음악이 신나도 몸을 움직여서는 안 된다. 지휘자는 음악에 맞춰 온몸을 흔들며 인상 쓰고 머리카락까지 휘날리지만, 관객은 그런 그를 그저 멍한(?) 표정으로 바라만 보고 있어야 한다. 그래서 서구 클래식 음악이 망해가는 것이다. 몸으로 느낄 수 없는 음악은 더 이상 음악이 아니다.

음악이 본능적이고 공동체적이라면 미술은 인지적이며 개별적이다. 미술은 외부의 대상을 눈을 통해 받아들이고, 머릿속에 그 대상이 다시 한 번 재현representation된 후에야 가능해진다. 상징을 통해 매개되는 모방의 절차가 포함되는 것이다. 이 같은 미술에 비해 몸으로 직접 경험되는 음악은 훨씬 구체적이고 감각적이다.

어느 순간부터 미술가들은 외부 대상을 모방할 필요가 전혀 없는 음악을 몹시 부러워하기 시작했다. 인상파 이후 미술가들은 아예 대놓고 음악을 흉내 냈다. 가능한 한 대상을 모방하지 않고 음악을 작곡하듯 그림을 그리기 시작한 것이다. 시작은 세잔이었다. 그는 자연을 원통·원추와 같은 기본 형태만 가지고 그리겠다고 선언했다. 이후 피카소를 거쳐 추상회화에 이르면 미술가들의 시도는 더욱 과감해진다.

추상회화를 개척한 칸딘스키Wassily Kandinsky, 1866~1944는 오선지에 악상 기호로 음악을 작곡하듯 점點·선線·면面으로 그림을 작곡(?)했다. 그림의 제목도 '작곡Composition'이나 '즉흥연주Improvisation'라는 음악 용어를 사용했다. 그러나 칸딘스키 이후 오늘날까지의 추상미술이 보여주듯 미술은 결코 음악처럼 될 수 없다. 시각적 기호記號로 매개되는 미술은 몸으로 직접 경험되는 음악과는 질적으로 전혀 다른 차원의 예술이기 때문이다. 그래서 음악에 대한 미술의 질투는 정당하다. 인간의 의사소통은 음악에서 출발하기 때문이다.

갓 태어난 아기와 엄마의 의사소통은 서로의 동작·말·표정을 흉내 내는 방식으로 시작된다. 아기는 타인의 감정 표현을 흉내 내는 능력을 지니고 태어나기 때문이다. 아기는 엄마의 정서 표현을 흉내 내고, 엄마는 아기의 움직임을 흉내 낸다. 그러나 아기가 좀 더 자라면 흉내의 양상이 달라진다.

서로 다른 방식으로 흉내 내기 시작하는 것이다. 아기의 표정이나 몸짓이 바뀌면 엄마는 목소리의 높낮이로 반응한다. 아기가 소리를 내면 엄

설레는 배-밤에 몰래 혼자 타는 배 ｜ 2014 ｜ 256×100 ｜ 수채화 종이에 연필, 유성펜, 수채화 물감

마는 몸동작으로 흉내 낸다. 엄마와 아기가 서로 흉내 내는 정서의 내용은 동일하지만 그 표현 방식이 달라지는 것이다. 이때 가장 중요한 것은 상호작용의 박자 혹은 리듬이다. 그 리듬이 조금만 어긋나도 상호작용은 흐트러지고 아기는 불안해한다. 초보 엄마의 품에서는 그렇게 울어대던 아기가 할머니의 품에 안기면 바로 조용해지며 편안해하는 것은 바로 이 같은 상호작용의 리듬 때문이다. 아기의 몸에서 나타나는 아주 작은 리듬의 변화를, 노련한 할머니는 몸으로 느끼며 반응한다.

대니얼 스턴Daniel Stern, 1934~2012이라는 발달심리학자는 이 같은 정서적 상호작용을 '정서조율Affect Attunement'이라고 개념화했다. 기타를 조율할 때 다른 줄이 내는 소리의 높낮이에 맞춰 음을 조율하듯 인간의 모든 상호작용은 서로의 정서 표현을 조율하는 과정이라는 것이다. 이 과정에서 아기는 자신과는 구별되는 또 다른 존재가 자신과 동일한 감정을 다른 방식으로 표현하고 있음을 경험하게 된다. 자신과 타인의 구별은 이렇게 시작된다. 음악적 상호작용을 통해 '자아'가 형성된다는 이야기다.

상호작용의 리듬이 흐트러지면 인간은 불안해진다. 엄마 품의 아기에게 만 해당하는 것이 아니다. 다 큰 어른도 마찬가지다. 불안은 아주 쉽게 전염된다. 옆에 앉은 사람이 다리만 계속 떨어도 불안해진다. 흐트러진 상호작용의 리듬으로 인해 자아의 확인이 불가능해지는 것이다. 그래서 불안할 때는 아주 오래된 친구를 만나는 것이 좋다. 규칙적인 상호작용의 리듬을 되찾을 수 있기 때문이다. 음악을 듣거나 천천히 걸으며 몸으로 느끼는 편안한 리듬을 되찾는 것도 좋은 방법이다.

행복이란 강가의 부드러운 물결에 기분 좋게 흔들리는 배와 같다. 내면 깊은 곳의 가볍고 즐거운 리듬을 느낄 수 있어야 한다. 세상이 뒤집히는 엄청난 재미를 기대해서는 안 된다. 그런 재미는 오히려 삶의 리듬을 망가뜨릴 뿐이다. 다가올 내일의 작은 변화에 대한 기대로 오늘의 삶에 잔잔한 리듬을 유지할 수 있어야 한다. 이 같은 기분 좋은 마음의 리듬을 '설렘'이라고 한다. 설렘으로 경험되는 행복은 철저하게 음악적이다.

• •

추상미술과 칸딘스키
—

추상미술Abstract Art의 시작을 설명할 때, 바실리 칸딘스키의 이름이 빠지면 안 된다. 칸딘스키가 가장 먼저 완전추상에 도달했다. 피카소의 그림만 해도 그 그림이 무엇을 그린 것인지 대충 상상할 수 있다. 그러나 칸딘스키의 그림은 도대체 무엇을 그린 것인지 짐작하기 어렵다.

칸딘스키가 추상화를 그리게 된 계기는 모스크바에서 열린 모네의 전시회에서 「건초더미」라는 그림을 본 이후다. 당시만 하더라도 칸딘스키는 '화가가 이렇게 불분명한 그림을 그려서는 안 된다'고 생각했다. 한참의 시간이 지난 후, 칸딘스키는 해 질 무렵 집에 들어서다 벽에 기대어 세워놓은 너무나 아름다운 그림을 보고 감동한다. 자세히 들여다보니 그 그림은 자신의 그림을 거꾸로 세워놓은 것이었다.

칸딘스키는 뒤집힌 그림이 이토록 아름답고 강렬한 인상을 줄 수 있다면 '그림이 대상과 반드시 똑같아야 할 필요는 없다'고 생각하게 된다. 이후, 선·면·색채·질감 등을 이용해 추상적인 형태로 가득한 그림을 지속적으로 발표한다. 그는 클레와 더불어 바우하우스의 선생으로 재직하기도 했다.

칸딘스키를 이야기할 때, 가브리엘레 뮌터Gabriele Münter, 1877~1962와의 사랑 이야기가 빠지면 섭섭하다. 러시아 모스크바 대학에서 법학과 경제학을 공부한 칸딘스키는 서른 살에 화가가 되기로 결심하고 뮌헨으로 향한다. 학비를 벌기 위해 젊은 처자들을 모아 야외 스케치를 다니면서 11년 연하의 뮌터를 만나 사랑에 빠진다. 그러나 칸딘스키는 이미 결혼한 몸이었고, 아내는 러시아에 있었다.

둘은 10여 년간 뮌헨 근처에 머물며 함께 그림을 그린다. 제1차 세계 대전이 발발하자 칸딘스키는 모스크바로 돌아간다. 칸딘스키는 첫 번째 아내와 공식적으로 이혼하고, 또 다른 젊은 처자와 결혼한다. 칸딘스키를 신처럼 생각했던 뮌터는 81세로 죽을 때까지 그를 잊지 못하고, 그가 남긴 그림들을 보며 지냈다.

비슷한 시기에 칸딘스키 - 뮌터 커플과는 정반대의 커플이 있었다. 오스카 코코슈카Oskar Kokoschka, 1886~1980와 알마 말러Alma Mahler, 1879~1964다. (알마 말러의 원래 이름은 알마 마리아 신들러Alma Maria Schindler다.) 그녀의 남성 편력은 아주 유명하다. 알마의 첫 키스 상대가 클림트였다는 이야기로부터 시작한다.

수많은 남성으로부터 구애를 받던 빈 사교계의 여왕 알마는 당시 스타였던 구스타프 말러와 결혼한다. 심각한 우울증에 시달리던 말러가 죽자마자 알마는 코코슈카와 사랑에 빠진다. 그러나 편집증의 코코슈카를 금방 차버리고, 젊고 멋진 연하의 청년 그로피우스와 결혼한다. 그 후로도 알마 말러의 염문은 계속되고 그로피우스와도 이혼한다. 그녀의 세 번째 남편은 소설가 프란츠 베르펠Franz Werfel, 1890~1945이었다.

알마 말러가 떠나자 오스카 코코슈카는 그 충격을 견디지 못한다. 그녀가 돌아오기를 바라며 수백 통의 편지를 보내지만 한번 떠난 알마의 마음을 돌이킬 수는 없었다. 슬픔을 견딜 수 없었던 그는 알마를 닮은 봉제인형을 만들어 함께 자고,

함께 먹고, 함께 돌아다녔다. 먼 훗날 알마는 코코슈카에게 용서를 구하는 편지를 보낸다. 코코슈카는 이미 오래전 용서했다고 답한다.

정서조율

내가 가장 좋아하는 개념이다. '상호주관성intersubjectivity'이 어떻게 가능한가를 설명해주기 때문이다. 아기는 엄마에게 목소리, 몸짓, 표정으로 끊임없이 무엇인가를 표현한다. 이때 아기의 표현은 모두 정서적 내용을 가지고 있다. 엄마는 이러한 아기의 정서적 표현에 반응한다. 아기의 정서적 표현과는 약간 다르지만 느낌은 똑같게 반응하는 것이다.

예를 들어, 아기가 팔을 흔들면, 엄마는 이 아기의 표현에 목소리로 반응한다. 그러나 똑같은 강도와 속도로 반응한다. 정서 표현의 수단은 다르지만 그 느낌은 아주 유사하다. 이렇게 서로의 정서를 조절하며 맞춰나가는 것을 '정서조율'이라고 한다. 심리학자 대니얼 스턴은 정서조율이 '강도intensity' '시간time' '형태shape'의 세 가지 차원에서 일어난다고 주장한다.

상호주관성은 두 주체가 인식의 공통점을 가지고 있는 것을 의미하는 철학적 개념이다. 그러나 어떻게 이 상호주관성이 형성되는가는 심리학적 질문이다. 인간은 처음부터 그렇게 발달된 인지 능력을 가지고 태어나는 것이 아니기 때문이다. 아기가 엄마와의 상호작용을 통해, 자신과는 다른 몸을 가진 사람이 똑같은 정서를 느낀다는 것을 경험하는 것은 인지적 상호주관성의 원초적 형태가 된다. 정서조율은 바로 이 같은 정서적 상호작용과 인지적 상호주관성의 관계를 설명해주는 개념인 것이다.

·

문화충격.

일본 편의점에서 파는 샌드위치에는
부드러운 속살만 있다.

식빵 껍데기가 없다!

처음부터 다 벗으면 하나도 안 재밌다.

가능한 한 부지런히
보고 다녀야 한다

●

인간은 눈이 두 개다. 그 두 눈이 얼굴 가운데로 몰려 있는 사람은 그리 만만치 않은 사람이다. 눈이 몰려 있는데, 거기에다가 눈 크기마저 단춧구멍만 하면 진짜 무서운 사람이다. 유명인의 예를 들자면, 남희석이나 신동엽 같은 이들이다. 남을 웃겨야 하는 개그맨이지만 내면內面이 그리 만만한 사람들이 아니다. 뭐, 순전히 내 개인적인 생각이다. 그런데 경험상 항상 그랬다.

반대로 눈이 얼굴 양쪽으로 퍼져 있는 사람은 편하다. 까다롭고 힘들었던 경험은 별로 없다. 이런 내 기준은 동물의 세계에도 그대로 적용된다. 초식동물은 눈이 좌우로 멀리 떨어져 있는 반면, 육식동물은 가운데로 몰려 있다. 초식동물은 사방을 경계하느라 그렇다. 가능한 한 멀리, 그리고 넓게 관찰하고 있어야 살아남을 수 있다. 육식동물은 그럴 필요가 없다. 먹잇감에 집중하고 응시할 뿐이다. 눈을 깜박거리지도 않는다.

몰려 있든 떨어져 있든, 인간의 눈은 두 개여야 한다. 그래야만 제대로 된 공간 감각을 가질 수 있다. 인간은 대상의 위치를, 대상을 향한 두 눈 사이의 각도로 계산한다. 한쪽 눈을 감으면 도무지 거리 가늠이 안 된다. 그러나 인간은 어느 순간부터 자신의 두 눈으로 보는 세상을 의심하기 시작했다.

중요한 순간이면 꼭 한쪽 눈을 감기 시작한 것이다. 총을 쏠 때, 한쪽 눈을 감고 겨냥한다. 사진을 찍을 때도 한쪽 눈으로 뷰파인더를 들여다본다. 데생을 할 때도 애꾸눈을 하고 석고상의 크기를 잰다. 인간의 두 눈이, 정확히 말하자면 시각 정보를 해석하는 인간의 두뇌가 기하학적 원리를 따르지 않기 때문이다.

눈과 대상 사이의 거리가 두 배로 늘어나면 그 대상의 크기는 당연히 2분의 1로 작아져야 한다. 그러나 인간의 눈에는 그렇게 보이지 않는다. 예를 들어 100미터 앞에 있는 자동차 크기와 100미터 높이에서 내려다보는 자동차 크기는 전혀 다르게 보인다. 물리적 거리는 같지만 위에서 내려다볼 때가 훨씬 작아 보인다. 수직으로는 기하학적 원리가 작동하지만, 수평으로는 전혀 작동하지 않기 때문이다. 도대체 왜 그럴까?

'항등성恒等性, constancy'이라는 지각심리학적 원리 때문이다. 항등성이란 주위 환경이 바뀌어도 사물을 일정한 방식으로 계속 보는 것을 뜻한다. 둥근 접시를 아무리 옆에서 봐도 타원이 아니라 여전히 둥근 원으로 보이는 것도 마찬가지다. 변하는 상황과는 상관없이 사물의 본질을 본다는 이야기다. 철학에서 말하는 '동일성同一性, identity'의 심리학적 구성 원리다.

대상의 본질을 볼 수 있어야 살아남는다. 대상의 본질을 파악하는 항등성이 작동하지 않으면 생존 자체가 불가능해진다. 멀리 떨어져 있는 호랑이가 조그맣게 보인다고 해서 고양이라고 생각하면 바로 죽음이다. 사과가 작게 보인다고 버찌로 착각해서는 안 된다. 그런 식으로는 금방 굶어 죽는다. 거리는 같지만 위에서 내려다보는 자동차 크기와 앞에 있는 자동차 크기가 다르게 보이는 것도 마찬가지다. 인간의 생활이 대부분 수평 공간에서 이뤄지는 까닭이다. 그런데 인간은 왜 항등성이라는 이 엄청난 생존 능력을 포기하려고 하는 것일까?

객관적이고 과학적인 세계에 대한 강박 때문이다. 중요한 순간에 한쪽 눈을 감게 된 것은 르네상스 이후의 일이다. 원근법 때문이다. 3차원의 세계를 2차원의 평면에 정확히 재현하려고 시도하면서부터 인간은 양쪽 눈으로 보이는 세상을 의심하기 시작했다. 2차원 평면에 3차원 공간을 사실적으로 재현하는 원근법은 카메라의 렌즈처럼 눈이 하나일 때만 가능했기 때문이다.

그 후로 서양 회화에서는 한쪽 눈만으로 크기를 확인하는 석고 데생이

자꾸 눈을 깜빡이게 하는 여인 | 2014 | 555×730 | 화지에 수간채, 석채

아주 중요한 훈련이 된다. 렌즈가 하나인 카메라처럼 정확하게, 그리고 객관적으로 세상을 봐야 한다는 생각에서다. 항등성과 같은 두뇌의 작용을 제거하겠다는 의도이기도 하다. 한마디로 눈을 두뇌로부터 단절시켜 기계적 정보만을 얻겠다는 것이다. "한쪽 눈으로 사진을 찍는 것은 마음의 눈으로 찍기 위해서"라는 프랑스 사진작가 앙리 카르티에 브레송Henri Cartier-Bresson, 1908~2004의 이야기는 순 '개뻥'이다. 좌우간 이런 '화장실 명언名言'은 하나 마나 한 소리일 때가 대부분이다.

수백 년이 지나서야 인류는 객관적 세계와 본질적 세계가 서로 다른 것임을 깨달았다. 인상파 화가들은 의도적으로 원근법을 파괴했다. '항등성 제로'의 원근법적 강박에서 벗어나, 보이는 대로 느끼는 대로 그렸다. 르네상스 시대의 선 원근법linear perspective이란 그저 서구 사회의 '상징형식'에 불과하다는 주장도 이어졌다. 드디어 인류는 객관적 재현이라는 근대 이데올로기로부터 겨우 자유로워지는 듯했다. 그러나 21세기 우리의 일상은 여전히 기계적 '외눈'의 지배를 받는다.

아침부터 밤까지 스마트폰, 컴퓨터, TV 모니터만 들여다본다. 그리고 내 두 눈으로 확인하는 것보다 외눈의 카메라로 기록한 세계가 더 정확하고 진실하다고 믿는다. 그래서 어디든 놀러 가면 꼭 이렇게 외친다. "와, TV에서 본 것하고 똑같네!" TV에서 봤으니까 진짜라는 이야기다. 아, 이건 순서가 완전히 뒤바뀐 거다.

인류는 수만 년의 역사를 통해 겨우 얻어낸, 본질의 통찰 능력을 스스로 포기했다. 사물의 본질을 스스로 파악할 수 없으니 자신의 존재가 헷갈리는 건 당연하다. 내 두 눈으로 직접 보고, 스스로 세상을 해석할 수 있어야 불안하지 않다. 그래야 제대로 사는 거다.

돌아다닐 수 있을 때 부지런히 보고 다녀야 하는 것도 이 때문이다. 자신의 두 눈으로 사물의 본질을 통찰하는 것이 존재의 기반이다.

· ·

항등성

—

카메라의 렌즈가 눈과 같다고 하지만, 결코 같지 않다. 눈과 대상과의 거리가 두 배로 늘어나면 망막에 맺히는 상의 크기는 2분의 1로 작아진다. 카메라의 렌즈는 실제로 그렇다. 그러나 인간의 눈은 다르다. 먼 길 떠나는 사랑하는 사람의 모습은 두 배, 세 배의 거리로 멀어져도 전혀 작아지지 않는다. 내겐 신병훈련소에 들어가는 큰아들 모습이 그랬다. 수백 미터 멀어져도 내 아들 뒤통수만 그렇게 크게 보일 수 없었다. 그러다가 갑자기 사라졌다. 느닷없이 사라진 아들의 모습에 난 몇 번이나 눈을 깜빡였는지 모른다.

항등성이란 맥락이 달라져도 물체가 가진 속성을 지속해서 지각하는 경향을 뜻한다. 흰 종이는 빨간 조명에서나 파란 조명에서나 흰색으로 보인다. 기막히게 아름다운 장면이 있어 사진을 찍으면, 그 결과가 그다지 신통치 않다. 항등성 때문이다. 카메라 렌즈에는 항등성이 작동하지 않는다.

망막에 맺힌 상을 해석하는 뇌의 작용은 결코 카메라 렌즈처럼 객관적으로 작동하지 않는다. 그래서 똑같은 장면을 보고도 사람들의 느낌이 그토록 다른 것이다. 20세기 인상파로부터 시작해서 포비즘, 큐비즘 등으로 발전해간 현대회화는 바로 이 '항등성 제로'의 카메라 렌즈를 포기하고, 살아 있는 인간의 눈에 비치는 세상을 묘사하려는 시도라고 할 수 있다.

사랑에도 항등성이 작용한다. 내 친구는 피아노를 연주하는 여인의 목덜미를 보고 사랑에 빠졌다. 결혼하겠다고 친구들에게 소개했다. 그녀를 만나 이야기를 나눈 후, 우리는 그 결혼을 결사적으로 말렸다. 그러나 내 친구는 시종 그 아름다운 목덜미 이야기뿐이었다. 결국 결혼한 후, 몇 년 만에 이혼했다. 결혼이라는 현실에서 '목덜미 항등성'은 더 이상 작동하지 않았기 때문이다.

내겐 '팔뚝 항등성'이 있다. 공연이 끝난 후, 뒤쪽의 오케스트라를 향해 박수 치는 소프라노의 팔뚝을 본 후로 생긴 현상이다. 그녀 팔뚝의 두꺼운 살은 '쓰나미'처럼 흔들렸다. 내 맘도 쓰나미에 휩쓸려나갔다. 그 후로 모든 공연에서 나는 마지막 커튼콜의 여자 성악가가 보여줄 흔들리는 팔뚝을 기대하며 앉아 있다. 아, 물론 현재 내 아내 팔뚝의 쓰나미도 아주 훌륭하다.

선 원근법

인간이 경험하는 물질적 대상은 3차원이다. 그러나 잘 들여다보면 꼭 그렇지만은 않다. 대상이 망막에 비치는 모습은 2차원이기 때문이다. 망막에 비친 2차원의 대상을 우리 뇌는 다시 3차원으로 재구성한다. 이때 뇌는 눈을 통해 전달되는 망막상 이외에도 여러 생리학적 정보들을 통합한다. 우선, 대상까지의 거리에 따라 달라지는 수정체의 두께 조절에 관한 정보를 사용한다.

뿐만 아니다. 우리의 눈은 두 개다. 각각의 눈에 비치는 대상이 똑같지 않다. 이 시차視差를 해소하는 과정은 입체감 지각에 매우 중요하다. 대상을 지각하기 위해 좌우의 눈동자가 돌아가는 각도 등의 정보를 동원하기도 한다.

화가들도 3차원의 물체를 2차원의 화폭에 그린다. 그러나 다양한 기법을 이용해 그림을 보는 이들에게 2차원의 그림을 3차원으로 느끼게 한다. 음영이나 대상의 크기, 밀도 등을 이용해 그림을 그리지만 가장 대표적인 방법은 '선 원근법'이다. 화폭 어딘가의 '소실점'을 기준으로 그림의 모든 대상이 소실점을 향해 수렴되도록 그림을 그리는 것이다.

소실점은 그림 속에 있는 모든 사물들이 가진 좌표의 기준이다. 원근법에 수학적 엄밀함이 더해지면서 2차원의 그림은 3차원적 사실성을 확보하게 되었다. 보다 실물과 가까운 느낌이 들어야 잘 그린 그림으로 여겨졌다. 그러나 원근법에 기초한 3차원 대상의 2차원적 축소는 사진 기술이 나타나면서 설 자리를 잃게 된다. 그 어떠한 화가도 사진보다 더 사실적으로 그릴 수 없기 때문이다. 갈 곳 잃은 화가들은 제각기 흩어졌다. 인상파로부터 시작된 '2차원으로 축소'의 포기는 추상파를 거쳐 현대미술로 이어진다.

149

오늘날 현대미술에서 대상의 정확한 재현은 아무 의미 없다. 오늘날 좋은 그림의 기준은 철저하게 주관적이다. 그러나 주관적 느낌에 확신이 없는 보통 사람들에게 그림 감상은 은근한 공포. 이러한 심리적 부담감을 이용한 사기가 곳곳에서 행해진다. 그림을 투자의 대상으로 삼는 경우, 이러한 사기 행각은 상상을 초월하는 수준이다. 속지 말자.

예술은 철저하게 주관적이다. 사랑과 마찬가지다. 어떻게 저런 남자를 사랑할 수 있을까 싶지만, 멀쩡한 여자들이 그런 남자에게 사랑에 빠져 어쩔 줄 모른다. 예술과 사랑은 동일한 심리적 과정이다.

- 노안에 대처하는 우리의 자세 -

하나,
안경을 이마 쪽으로 올린다.
눈은 아래로 내려본다.
늙는 것이 죽어도 싫은 이들이다.

둘,
안경을 콧등으로 내린다.
눈은 위로 치켜뜬다.
늙는 것에 순응하는 이들이다.

흉내 낸다고
우습게 여기면 안 된다

•

"너 그러다가 조영남처럼 된다!"

자랄 때, 우리 엄마는 내게 늘 이렇게 경고했다. 그림 그리는 것도 좋아하고, 노래도 곧잘 따라 부르고, 백일장에 나가 가끔 상도 타오는 내가 정작 공부에는 별 관심을 보이지 않는 게 몹시 불안하셨던 거다. 가수라고는 하지만 제대로 된 히트곡 하나 없고, 그림을 그린다고는 하지만 요상한 화투나 그리고, 잘 팔리지도 않는 희한한 주제의 책도 쉬지 않고 내는 조영남은 '한 우물을 파야 성공한다'는 당시의 일반 상식에서 한참 벗어나 있었다.

내가 나이 쉰이 넘어 교수를 '때려치우고' 일본에서 그림 공부 한다고 하니, 다들 '조영남 흉내' 내는 거냐고 한다. 독일 유학 가서 10여 년 그렇게 고생하고, 한국에서 10여 년 멀쩡하게 교수 하던 사람이 나이 들 만큼 들어 하필이면 조영남 흉내냐는 뜻이기도 하다. 하지만… 그렇다. 지금 나는 조영남 흉내 내고 있는 거 맞다. 커다란 창문으로 한강을 내다보며 그림을 그리고 있는 그가 너무 멋있어 보였기 때문이다.

늙어갈수록 뒷모습이 폼 나야 한다. 뒷모습이 그렇게 초라할 수 없는 '은퇴 교수'보다는 쭈그리고 앉아 그림 그리며 늙어가는 조영남의 뒷모습이 훨씬 더 멋있다. (조영남은 그의 평평한 얼굴 때문에 앞쪽보다는 뒤쪽이 훨씬 더 낫다. 그가 매번 그렇게 큰 안경을 고집하는 이유는 안경이 코에 걸리지 않아서다. 그나마 큰 안경은 뺨에 걸려서 얼굴에 붙어 있을 수 있다.) 고작 65세에 은퇴해서 수십 년 동안 지루하게 늙어가는 것보다는 일흔이 넘어서도 화투 그림 그리며 어린아이처럼 마냥 즐거워하는 조영남을 흉내 내는 쪽이 '남는 인생'이라는 생각이다.

일단, 남 흉내 내는 것을 그렇게 폄하하면 안 된다. 인간 문명은 흉내 내는 것에서부터 시작하기 때문이다. 인간이 하는 모든 종류의 흉내를 철학적으로는 '미메시스mimesis'라고 한다. 미메시스 이론을 좇아가다 보면 아리스토텔레스의 철학까지 올라가야 한다. 아리스토텔레스는 예술과 문학의 본질은 미메시스, 즉 모방模倣이라고 주장한다. 인간에게 모방 행위가 불가능하다면 그 어떤 것도 느낄 수 없다는 것이 미메시스론의 핵심이다. 예를 들어 무대 위에서 일어나는 배우의 감정 변화를 자신의 경험처럼 느낄 수 있는 심리적 모방 행위가 없다면 비극을 통한 '카타르시스'는

고흐풍의 의자 | 2014 | 565×730 | 화지에 수간채, 석채

불가능하다.

오늘날 우리가 남의 마음을 이해하는 능력의 기초로 여기는 '공감 능력'이란 바로 이 아리스토텔레스의 미메시스 개념에서 유래한다. 1873년 독일의 심리학자 로베르트 피셔Robert Vischer, 1846~1933는 그의 박사 논문에서 감각적 경험을 통해 일어나는 미학적 체험을 '감정이입Einfühlung'이란 개념을 사용해 설명했다. 감정이입이란 그전에는 없던 개념이다.

타인의 내면으로 '들어가서 느낀다in-feeling 또는 feeling-into'는 뜻의 이 독일어는 영어권에서는 'empathy'로 번역되었고, 오늘날에는 일상어처럼 사용된다. 그러니까 인류가 타인의 마음을 함께 느끼는 심리적 과정을 학문적으로 개념화한 것이 불과 150년 전이라는 이야기다. 서로 이해하고 이해받는 것에 인류가 관심을 가진 것이 그리 오래되지 않았다는 뜻이다. 그렇게 미개했다. 아무튼, 미메시스로부터 공감에 이르기까지의 개념적 진화를 통해 인간은 서로 흉내 낼 수 있기 때문에 소통할 수 있다는 것이 밝혀졌다.

실제 그렇다. 타인의 감정은 그 사람의 정서 표현을 그대로 흉내 낼 때 제대로 이해된다. 공감 능력이란 바로 이 정서의 모방 능력을 뜻한다. 오래 함께 산 부부의 모습이 비슷해 보이는 것은 생김새가 닮아서가 아니다. 서로의 정서 표현 방식이 비슷하기 때문이다. 아주 자연스럽게 타인의 기쁨과 슬픔을 흉내 내는 사람이 사랑받는다. 인간은 자신의 정서를 흉내 내는 사람에게 마음을 연다.

그뿐만 아니다. 흉내 낼 수 있어야 창조적이 된다. 발달심리학자 장 피아제Jean Piaget, 1896~1980에 따르면 모방이 창조적 능력으로 진화하는 것은 '지연모방遲延模倣, Aufgeschobene Nachahmung'이 가능하면서부터다. 두 살 무렵이 되면 아이는 며칠 전 본 것을 기억해 흉내 내기 시작한다. 그 행위를 머릿속에 상징적으로 표상할 수 있다는 뜻이다. 지연모방과 같은 '상징으로 매개된 행위'야말로 창조성의 원천이다. 빗자루가 비행기가 되기도 하고, 베개가 달리는 말이 되는 것과 같은 창조적 '상징놀이'는 바로 이 지연모방에서 출발하기 때문이다. (지연모방은 피아제의 개념 중 가장 기막힌 통찰이다.)

더 중요한 것은 인간의 가장 근원적인 기쁨과 즐거움이 바로 이 흉내 내기에 있다는 사실이다. 왜 어린아이가 인형이나 자동차 장난감을 가지고 놀며 시간 가는 줄 모르고 즐거워하는 것일까? 장난감이 대상 세계를 모방하고 있기 때문이다. 영화나 스포츠 같은 어른들의 놀이도 내용이나 규칙이 더 복잡해졌을 뿐, 그 본질은 모방에 있다.

흉내 내면 즐거워진다. 나이 들면서 삶이 재미없어지는 이유는 도무지 흉내 낼 대상이 없기 때문이다. 높이 올라갈수록 삶이 지루해지는 이유도 도대체 더는 모방할 사람이 없기 때문이다. 그래서 뛰어난 사람일수록 고독한 거다. 가장 처절한 상황은 누굴 흉내 낼 생각도 없고, 그 누구도 나를 흉내 내주지 않을 때다. 아, 세상이 이보다 더 쓸쓸할 수는 없는 거다.

젊은 날의 성공이 자랑스러울수록 어린아이처럼 겸손하게 남 흉내를 열심히 내야 한다. 그래야 소외감에서 벗어날 수 있다. 나와 다른 삶의 방식에 대한 존중과 호기심을 잃지 말아야 한다. 그래야 삶이 지속적으로 창조적이 된다. 삶은 나이 들수록 재미있어야 한다. 그렇게 쓸쓸하고, 지루하고, 고통스럽게 늙어갈 거면 오래 살 이유가 전혀 없다. 아닌가?

• •

감정이입

자신의 감정을 다른 대상에 무의식적으로 투사해, 마치 똑같은 감정을 가지고 있는 것처럼 느끼는 태도다. 19세기 독일의 철학자 로베르트 피셔가 미학에서 처음 사용한 용어로, 여기서 '공감sympathy'이라는 개념이 유래했다. 일부 심리학자는 '공감sympathy'과 '감정이입empathy'을 구분 지어 사용한다. 공감은 상대방의 기쁘거나 슬픈 감정에 호응하는 제3자의 감정인 데 반해, 감정이입은 자신을 대상과 동일시하며 완전히 결합하려는 태도라는 것이다.

뇌과학에서는 이 공감 능력이 '거울뉴런mirror neuron'의 작용이라고 설명한다. 거울뉴런이란 거울처럼 타인의 정서적 상태를 흉내 내는 신경생리학적 기제다. 거울뉴런은 1996년 이탈리아 파르마 대학의 생리학자 자코모 리촐라티Giacomo Rizzolatti, 1937~ 교수 팀이 짧은꼬리원숭이를 대상으로 한 실험에서 우연히 발견했다. 음식을 먹는 연구원의 행동을 원숭이가 볼 때, 그 음식을 직접 먹을 때 작동하는 뇌의 부위가 활성화되는 것을 확인한 것이다. 인간의 경우 이 같은 거울뉴런의 활동은 보다 적극적이다. 친구가 아주 신 음식을 먹었다고 하는 말을 듣는 것만으로도 우리는 침을 흘리게 된다.

흉내는 모든 의사소통의 출발점이다. 언어가 전혀 다른 사람이 만나면 어떻게 소통할까? 상대방의 말과 표정을 흉내 내면서 소통은 시작된다. 이때 상대방의 정서 상태를 흉내 낼 수 있는 능력, 즉 감정이입은 결정적이다. 인간 문화의 대부분은 이 감정이입 능력에 기초하고 있기 때문이다. 소설을 읽으며 웃고 우는 이유는 뭘까? 왜 우리는 연속극을 보며 화를 내거나 즐거워하는 것일까? 내가 직접 경험하지 않아도 타인의 내면에 일어나는 심리적 과정을 동일하게 경험할 수 있기 때문이다.

논리적 설득보다는 공감을 이끌어내는 정서적 설득이 훨씬 더 잘 작동하는 이유도 바로 이 감정이입 능력 때문이다. 논리는 인지적 과정이다. 설득의 대상과 주체가 분명하게 나뉜다. 웬만큼 강력한 권위와 논리가 아니라면 상대방을 '굴복'시킬 수 없다. 스스로 똑똑하다고 생각하는 사람일수록, 스스로 옳다고 생각하는 사람일수록 타인을 설득하는 능력이 떨어진다.

논리적으로 굴복시키려고 하기 때문이다. 아무리 옳은 이야기라도 논리적 굴복을 요구하면 상대방은 반드시 저항하게 되어 있다. '그래, 당신 말 다 맞아. 그래서?' 하는 것이다. 논리는 이해했지만 절대 승복할 마음이 없다. 그러나 감정이입에 기초한 정서적 설득은 강력하다. 상대방의 정서적 반응을 이끌어내기만 하면 언제든 성공할 수 있다. 감정이입이란 '함께 느끼는 것'이기 때문이다. 이미 '함께' 느낀 것이기에 논리적 설명은 오히려 구차한 것이 된다.

지연모방

—

자신이 본 것을 그 자리에서 따라 하는 것이 아니라 어느 정도 시간이 지난 후에 모방하는 능력을 뜻한다. 18개월에서 24개월 사이의 영아에게서 나타난다. 인간의 아기는 태어날 때부터 타인의 행동을 모방할 수 있는 능력을 가지고 태어난다. 갓 태어난 아기를 보며 혀를 내밀면 아기도 혀를 내민다. 그러나 지연모방은 이러한 본능적 모방과는 질적으로 다른 차원이다.

한참 지난 후에 이전에 본 것을 아기가 흉내 낸다는 것은, 흉내의 대상과 내용이 아기의 머릿속에 한동안 존재했다는 것을 의미한다. 이를 피아제는 정신적 '표상representation'의 시작이라고 설명한다. 표상representation은 '보여주기presentation'를 머릿속에서 '다시re-' 한다는 뜻이다. 인간 인지 능력의 가장 기초적 형태인 이 표상 능력의 출현이 바로 지연모방에서 확인된다는 것이다.

●

지난 추석에도 우리 엄마는 진지하게 또 그랬다.

"너 진짜 겸손해야 한다."

이유는 매번 분명했다.
"넌 생긴 것 자체가 남들에게 열등감을 느끼게 해서 그래!"

아내는 웃음을 참지 못해
결국 돌아앉는다.

…

그래서
세상의 모든 자식에게는
엄마가 있는 거다.

PART 3

금지를
금지하라

금지를
금지하라

•

슬쩍 건들기만 해도 발끈하는 약한 부위가 누구에게나 있다. 물론 나도
있다. '실력 없이 가벼운 심리학자'라는 평을 들을 때다. 매번 누가 그러
더라고 전하며 내 속을 뒤집어 놓는 인간이 꼭 있다. 하긴 내가 쓴 책 제
목이 『노는 만큼 성공한다』『나는 아내와의 결혼을 후회한다』『남자의 물
건』 같은 것이니 그런 평을 들어도 마땅하다. 그러나 십수 년간 음습한 독
일에서 공부하느라 머리카락이 다 빠지고 우울증까지 왔던 나다. 나도
'한 방'이 있다.

요즘 그 한 방을 준비하느라 몸과 마음이 아주 번잡하다. 방학만 되면 근
대 인간 의식의 혁명적 변화에 관한 문화심리학적 설명을 위해 빈에서
뮌헨·바이마르를 거쳐 베를린까지 근대 지식 구성사의 루트를 구석구석

추적하고 다닌다. "이 한 방이면 다 죽는다"며 옹골차게 독일에 가지만, 정작 독일에 도착하면 형편없이 좌절하며 무너진다.

독일 사람들하고 싸우느라 그렇다. 갈 때마다, 독일의 원칙주의와 교묘한 인종차별에 맞서 투쟁하느라 내 모든 지적 에너지가 소진돼버린다. 동행하는 사진작가 윤광준은 '나의 투쟁'이 시작될 때마다 슬그머니 사라진다. 내가 분을 삭이지 못해 씩씩대고 있으면 산책하듯 다시 나타난다. 사람 좋게 웃으며 "도대체 왜 그리 싸우나?" 한다. 젠장, 이러는 빡빡머리 윤광준이 더 밉다. 그 콧수염을 확 잡아 뜯어버리고 싶을 정도다.

'나인Nein(안 된다)' 때문이다. 독일에는 곳곳에 도무지 견디기 힘든 '나인' 투성이다. 이렇게 '금지禁止'가 당연한 나라는 세계 어느 곳에도 없다. 물론 일본도 매우 심각한 금지사회禁止社會다. 일본에서는 '다메だめ(안 된다)'라는 표현을 독일의 '나인'만큼이나 자주 듣는다. 가는 곳마다 금지투성이다. 그러나 일본인의 '다메'에는 미안해하는 표정이라도 있다. 미안한 나머지, 당장에라도 바닥에 쓰러질 듯한 그들의 표정을 보면 "도대체 왜 안 되느냐?"고 물어보기조차 미안해진다.

독일의 나인은 질적으로 다르다. 너무나 당당하다. 거기에다 검지를 들어 올려 흔들기까지 하면, 난 분노로 혼수상태가 된다. 내 독일 체류 십수 년간의 스트레스가 바로 거기에 있었기 때문이다. 나인이라 말하는 것이 아주 큰 권력이라는 표정이다. 게다가 '독일에 오면 이 정도는 알고 지켜야지' 하는 계몽의 표현까지 덧붙이면 속이 바닥부터 뒤집힌다.

금지는 사람을 좌절케 한다. 모든 종류의 금지를 당연하게 받아들이는 순간, 주체로서의 삶은 바로 끝난다. 처음 금지를 당하게 되면 사람은 일단 저항한다. 하지 말라고 하면 더 하고 싶어지는 심리가 바로 그것이다. 심리학자 브렘Jack Brehm, 1928~2009은 '금지할수록 욕망한다'는 심리적 반발 이론psychological reactance theory을 주장한다.

두 그룹으로 나눠 음반 네 장을 평가하는 실험을 했다. 그룹 1의 참가자에게는 실험이 끝나면 참가 대가로 음반 한 장을 '스스로 골라 갈 수 있다'고 했다. 그룹 2의 참가자에게는 음반 한 장씩을 나눠준다고 했다. 그러나 정작 음반을 평가하는 실험이 시작되자, 음반 네 장 가운데 두 장은 구할 수 없어 아무도 가져갈 수 없다고 알려줬다. 실험 결과 그룹 1의 사람들은 가져갈 수 없는 음반을 높이 평가했고, 그룹 2의 사람들은 가져갈 수 없는 음반을 낮게 평가했다.

그룹 2의 사람들에게는 '신포도 효과'라는 인지認知부조화 현상이 일어났다고 해석한다. 어차피 받을 수도 없는 음반이기에 음악적으로도 그다지 좋지 않다고 평가하는 것이다. 문제는 그룹 1이다. 스스로 골라서 가져가는 것이 불가능하기에, 그 음반들의 음악이 더 좋다고 평가한다는 이야기다. 그래서 이뤄지지 않은 사랑이 그토록 아름답고, 부모가 반대할수록 내 사랑이 더 고귀한 것이 된다. (금지를 이겨낸 결혼일수록 이혼율이 높다. 더 이상 '금지된 사랑'이 아니기 때문이다.) 개인뿐만이 아니다. 문화도 그렇다. '금지의 나라'일수록 하위문화가 강력하고 화끈하다. 그래서 독일과 일본의 하드코어가 그토록 강렬한 것이다.

진짜 심각한 문제는 금지가 반복되고 지속될 때 생긴다. 처음에는 심리적으로 저항하고 분노하던 사람들이 어느 순간부터 금지에 익숙해지기 시작한다. 나중에는 외적 금지가 없어도 스스로 금지하고 체념하는 '학습된 무기력learned helplessness'에 빠지게 된다. 금지를 내면화하고 체념하는 것처럼 무서운 질병은 세상에 없다.

모든 종류의 금지에 대해 고민해야 한다는 말이다. 지식인 사회를 중심으로 금지에 대한 사회적 성찰을 멈추지 않는 독일은 그래도 건강한 나라다. 성숙한 사회란 온갖 종류의 금지에 대한 사회적 담론의 유무로 결정된다. 조용하고 안정되었다고 좋은 사회가 아니다. 일본이 안타까운 이유는 금지에 대한 어떤 저항도 불가능한 사회이기 때문이다. 아베의 철없는 민족주의에 침묵으로 일관하는 일본 지식인 사회를 보면 더욱 가슴아파진다.

먹고살 만해진 한국 사회가 경계해야 하는 것도 바로 이 집단적으로 '학습된 무기력'이다. 절대빈곤 시대, 분단 상황을 견뎌오며 너무나 많은 금지를 겪어왔다. 도대체 한국처럼 안 되는 것투성이의 나라가 지구상에 어디 있었던가? 그래도 끊임없이 저항하고 소리 지르며 부딪쳤기에 여기까지 올 수 있었다. 금지에 대한 끊임없는 저항이야말로 한국의 문화심리학적 특징이다. '조용한 아침의 나라'는 순 '개뻥'이다.

아무튼 나는 끊임없이 금지에 시비를 거는 '시끄러운 한국'이 좋다. 금지를 허許하는 순간 주체적인 삶은 바로 끝나기 때문이다.

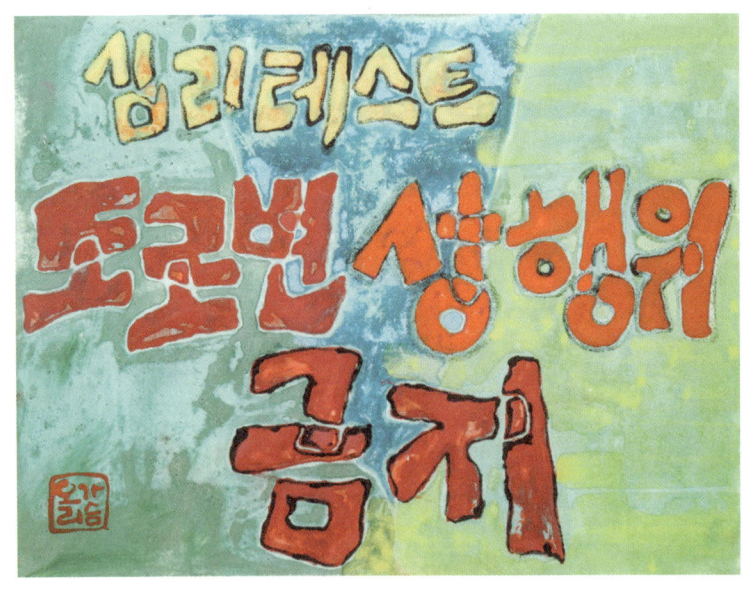

보고 싶은 것을 본다 | 2014 | 410×320 | 화지에 수간채, 석채

· ·

인지부조화

인지부조화cognitive dissonance는 미국의 사회심리학자 페스틴저Leon Festinger, 1919·1989기 만든 개념이다. 생각(신념)과 행동이 서로 일관되지 않거나 모순되는 상태를 뜻한다. 사람은 이런 불일치 상태를 불편하게 느끼기 때문에, 신념이나 행동을 바꿔서 어떻게든 문제를 해결하고자 한다.

수많은 사람들이 형편없이 재미없다고 이미 평가한 영화를 실험 집단에게 보여주고, 영화를 재미있다고 다른 사람들에게 이야기하도록 했다. 한 집단에게는 거짓말의 대가로 20달러를 주고, 다른 집단에게는 1달러를 줬다. 실험이 끝난 후, 실제로 영화가 어땠느냐고 물었다. 재미있는 현상이 일어났다.

20달러를 받은 집단은 영화가 재미있다고 '거짓말'을 했지만, 1달러를 받은 집단은 영화가 '정말' 재미있었다고 느꼈다는 것이다. 20달러라는 충분한 보수를 받은 사람은 '돈 때문에 거짓말했다'고 자기 행동을 합리화할 수 있었다. 그러나 1달러를 받은 사람은 고작 그 돈 받으려고 거짓말을 할 수는 없었던 것이다. 이 같은 부조화 상태를 벗어나는 유일한 방법은 영화를 '정말 재미있다'고 생각하는 것뿐이다. 이처럼 인지부조화를 벗어나려는 노력은 우리의 일상에서 흔히 일어난다. 특히 남이 잘되는 것을 지켜봐야 할 때.

내 책 『나는 아내와의 결혼을 후회한다』가 한참 잘나갈 때, 김난도 교수의 『아프니까 청춘이다』가 나왔다. 내 책은 고작 30만 부 나갔는데, 그의 책은 200만 부가 더 나갔다. 나는 정말 청춘이었다. 무지하게 배가 아팠으니까. 나는 곧 마음의 평정을 되찾았다. 내가 김난도 교수보다는 훨씬 잘생겼으니까. 그러나 이 마음의 평안도 이내 깨졌다.

『멈추면 비로소 보이는 것들』이라는 혜민 스님의 책이 나왔기 때문이다. 그의 책도 200만 부가 더 나갔다. 게다가 혜민 스님은 나보다 훨씬 더 잘생겼다. 혜민 스님은 보조개도 예쁘다. 정말 견디기 힘들었다. 아, 나는 어느 순간부터 아주 비겁한(!) 방식으로 합리화하기 시작했다. '스님은 결코 못 하는 것'을 난 언제든 할 수 있다고 생각했다. 마음의 평안이 돌아왔다. 이 같은 어설픈 내 합리화는 이솝우화에 나오는 '여우와 신포도'와 같은 차원이다. 이런 종류의 자기합리화를 요즘 온라인상에서는 '정신승리'라고 부른다.

학습된 무기력

—

개를 묶어놓고 전기자극을 가한다. 개는 고통스러워하며 전기자극에서 벗어나려고 한다. 그러나 묶여 있어 꼼짝할 수 없다. 전기자극이 수십 번 반복되자 개는 더 이상 저항하지 않았다. 묶여 있는 상태에서 아무리 저항해봐야 소용없었기 때문이다. 문제는 그다음에 생겼다. 묶인 줄을 풀어주었다. 그리고 전기자극을 가했다. 개는 충분히 도망칠 수 있었다. 그러나 그저 꼼짝 않고 전기자극을 당하고 있을 뿐이었다. 어쩔 수 없이 견뎌야 하는 무기력한 상황을 학습한 것이다.

'학습된 무기력'은 1975년 마틴 셀리그만Martin Seligman, 1942~이 발표한 이론이다. 자신이 극복할 수 없는 환경에 반복적으로 노출되거나 부정적인 자극이 계속되면, 자신의 능력으로 극복할 수 있는 상황이 되어도 스스로 포기하게 되는 현상을 뜻한다. 사람은 자신이 환경을 통제하지 못하거나, 미래의 결과에 영향을 미치지 못할 것이라는 예측이 반복되면 무기력해진다. 이 같은 무기력도 학습된다는 것이 셀리그만의 주장이다.

2000년대에 들어서면서 셀리그만은 학습된 무기력의 반대 개념인 '학습된 낙관주의learned optimism'를 주장한다. 무기력이 학습되듯이 낙관주의와 같은 긍정적 세계관도 학습된다는 것이다. 이 같은 개념을 통해 셀리그만은 '몰입flow' 개념으로 유명한 칙센트미하이Mihaly Csikszentmihalyi, 1934~ 교수와 더불어 '긍정심리학 positive psychology'이라는 새로운 흐름을 이끌고 있다.

긍정심리학은 불안, 우울, 스트레스와 같은 부정적 측면에만 집중된 심리학의 주제를 좀 더 다변화하고, 인간 심리의 긍정적 측면과 가능성을 강조하려는 시도다. '환자 만들기'에 급급해 '불안 산업'이 되어버린 심리학계의 자기비판을 극복하기 위한 노력이라고도 할 수 있다.

열쇠는 권력이다.

꽂으면 임자다!

대한민국은
'시기사회'다

•

나는 미국의 오바마 대통령을 시기한다. 이유는 간단하다. 나와 나이가 같기 때문이다. 솔직히 말하자면 오바마가 나보다는 한 살 위다. 그러나 난 호적이 잘못되었다. 남들보다 1년 일찍 학교에 들어간 이들은 모두 호적이 잘못되었다고 한다. 우리나라 호적은 그러라고 있는 거다.

나이가 같다는 이유만으로 아무나 시기하는 내 경우는 사실 많이 황당하다. 그러나 시기심은 나같이 철없는 사내만 느끼는 미성숙한 감정이 아니다. 시기심 따위와는 전혀 상관없어 보이는 사람일수록 (예를 들어 지식인, 종교인, 문화예술인 등) 시기심은 더 적나라하고 치밀하다.

내가 아는 한, 교수들의 시기심이 가장 심하다. 특히 인문사회 분야 교수들의 시기심은 하늘을 찌른다. 자연과학과는 달리 인문사회과학에는 객관적 잣대가 없기 때문이다. 절대 타인의 우월함을 인정해서는 안 된다. 자신의 열등함을 수긍하는 순간, 존재 기반이 송두리째 흔들린다. 그래서 남 칭찬하는 교수가 그렇게 드문 거다. 그러나 시기심은 한 개인의 성격적 문제가 아니다. 인간의 정서는 항상 사회문화적으로 구성되기 때문이다. 일부일처제 사회의 질투심과 일부다처제 사회의 질투심이 질적으로 같을 수는 없다는 이야기다.

대한민국은 아주 특별한 '시기猜忌사회Neidgesellschaft'다. (독일에서는 남의 고통을 기뻐한다는 '샤덴프로이데Schadenfreude'라는 단어를 아무렇지도 않게 사용한다. 흠, 심리학이 독일에서 시작된 건 결코 우연이 아닌 듯하다.) 한국 사회를 설명하는 정언적定言的 표현이 참 다양하다. 위험사회, 격차사회, 피로사회, 불안사회 등. 그러나 시기사회처럼 한국 사회의 특징을 잘 드러내는 표현은 없다.

오늘날 한국 사회를 뒤흔드는 사건 뒤에는 어떠한 방식이든 시기심이 작동하고 있다. 압축성장이 남긴 집단심리학적 흔적이다. 신분과 지위의 변화가 너무 급작스러웠던 까닭이다. 부의 축적 또한 정당하지 않았거나 지극히 우연적이었던 경우가 대부분이다. 그런데 운도 실력이라고 우긴다. 젠장, 이런 현실에서 하루하루가 숨찬 보통 사람들이 시기심마저 느끼지 못한다면 도대체 어째야 하나?

시기심은 열등한 사람만의 감정이 아니다. 열등한 사람과 간격이 좁혀지는 것을 두려워하는 우월한 사람의 시기심이 더 무섭다. '있는 사람이 더한다'는 이야기다. 이러한 감정을 독일의 '시기심 전문가(?)' 롤프 하우블 Rolf Haubl, 1951~은 '간격시기심Abstandneid'이라고 정의한다. 한참 '아랫것'이 어느새 부쩍 자라 자기 자리를 치고 올라오는 것에 대한 윗사람의 불안이 적개심으로 변하는 것은 한순간이다. 프로이트가 수제자인 융의 급성장을 견디지 못해 자기 학파에서 쫓아내고, 평생 증오했던 경우가 바로 그렇다.

그렇다고 시기심이 부정적인 것만은 아니다. 하우블은 '정당한 시기심'도있다고 주장한다. 정의와 평등이라는 사회적 합의는 시기심의 제도적 관리다. 종교적 교리도 시기심에서 그리 멀리 떨어져 있지 않다. 천국의 거지가 지옥에 떨어진 못된 부자를 보고 고소해하는 것은 당연하다는 거다. 못된 부자가 죽은 후에도 천당에서 희희낙락한다면 도대체 신은 뭐하는거냐는 질문이기도 하다. 개인적 야심은 물론, 사회적 변동을 가능케 하는 혁신적 사상의 배후에는 이렇듯 정당한 시기심이 작동하고 있다.

다양한 외피를 입고 나타나는 시기심을 세련되게 다루는 방식을 '문화'라고 한다. 오늘날의 인간 문명을 가능케 한 가장 결정적인 심리학적 요인은 둘이다. 섹슈얼리티와 시기심. (물론 순전히 내 생각이다.) 일단 섹슈얼리티는 프로이트가 명쾌하게 설명했다. '직접 하는 건(!)' 여러모로 복잡하고 불편하기에 인간은 다양한 형태로 변형된 성적 만족을 추구하게 되었다는 거다. 섹슈얼리티의 공공적 합의 결과가 오늘날의 '아름답고 우아한 문화'라는 것이 프로이트적 문명론의 핵심이다.

내 친구 귀현이는 바나나를 싫어한다 │ 2013 │ 150×103 │ 수채화 종이에 유성펜, 수채화 물감

한편, 시기심에 대한 전 인류적 저항은 섹슈얼리티보다 훨씬 더 집요하다. 어떤 문화권이든 빠지지 않는 공통 잠언이 있다. 바로 '겸손하라'다. 폼 잡고 싶어 그렇게 고생했는데, 이젠 또 겸손하라고 한다. 환장한다. 도대체 왜 인간은 꼭 겸손해야만 하는 걸까? 간단하다. 다른 사람들의 시기심을 자극하지 않아야 하기 때문이다.

타인의 시기심을 자극하는 순간 바로 '아웃'이다. 인정투쟁Kampf um Anerkennung이 '주인과 노예의 변증법'의 핵심 기제로 작동하는 바로 그 순간이다. 그래서 요즘 한 방에 훅 가는 사람이 그토록 많은 거다. 연예인들이 토크쇼에 나와 눈물 흘리며 "나도 힘들고 괴롭다"고 토로하는 이유도 마찬가지다. 집단적 시기심의 표적이 되는 것이 두려운 까닭이다.

시기사회의 근본 문제는 자신의 시기심에 관해서는 아무도 이야기하지 않는다는 사실에 있다. 섹슈얼리티와 관련된 사회적 담론의 부재가 한국 사회의 밤문화를 그토록 천박하게 만드는 것처럼, 시기심에 관한 사회적 성찰의 부재는 온갖 분노와 적개심이 모두 정당한 것처럼 착각하게 만든다.

집단적 사디즘이 도덕적으로 타당하고 이념적으로 옳은 것처럼 주장하는 일은 없어야 한다. 품격 있는 사회란 시기심의 세련된 관리를 의미한다. 분노와 적개심이 치밀 때마다, 이 분노의 근원이 과연 정당한 시기심인가에 관해 성찰해야 한다는 이야기다.

아무튼 내 친구 귀현이처럼 휜 바나나 따위에 시기심을 느끼는 경우는 절대 없어야 한다는 게 내 생각이다.

• •

샤덴프로이데

'상처'나 '아픔'을 뜻하는 '샤덴Schaden'과 기쁨을 뜻하는 '프로이데Freude'가 합쳐져 만들어진 '샤덴프로이데'는 한국어로 '쌤통이다' 혹은 '고소하다'와 같은 표현으로 번역할 수 있다. 건강하지 못한 정서가 이토록 명확한 개념으로 존재하는 나라는 독일밖에 없다고 유럽의 다른 나라 사람들은 비난한다. 그러나 남의 고통을 즐거워하는 일은 시기심이라는 보편적 정서와 깊은 관계가 있다.

심리학 실험에서도 시기심과 샤덴프로이데의 관계는 잘 확인된다. 독일에서 의대생들을 대상으로 실험했다. 자신보다 성적이 훨씬 훌륭한 친구가 약품을 훔쳤다고 의심을 받는 경우와 성적이 나쁜 친구가 의심을 받는 경우에 대한 피험자들의 심리 상태를 비교했다. 자신보다 성적이 좋은 친구들이 의심을 받을 때, 피험자들은 훨씬 더 고소해했다. 스스로가 시기심이 많다고 생각하는 학생일수록 이러한 경향은 더 심했다.

연예인을 쫓아다니는 팬들의 심리를 잘 들여다보면 질투와 샤덴프로이데의 양면성이 잘 드러난다. 무명의 연예인이 성공하고 정상의 위치에 올라 스타가 될 때까지 팬들의 환호와 후원은 엄청나다. 그러나 그 연예인이 정상에 오른 순간부터 팬들의 마음은 돌아서기 시작한다. 스타의 '극적인 몰락'을 은근히 기대하기도 한다. 스타를 끈질기게 쫓아다니며 아주 사소한 일들에 대해서도 욕설을 퍼붓는 악플러는 대부분 한때 그 스타의 열렬한 팬이었다.

연예인의 활동을 SNS를 통해 다양한 방식으로 방해할 수 있는 권력을 가지게 된 팬들은 이제 자신들의 주장에 귀 기울이지 않는 스타들을 괴롭히며 그들의 고통을 즐긴다. 오늘날 대중문화의 스타들은 이러한 샤덴프로이데의 희생양이 될 각오를 해야 한다. 스타는 팬들의 시기심과 열등감이 샤덴프로이데로 바뀌는 그 순간을 위해 소비되려고 존재하기 때문이다.

시기와 질투의 문화심리학

인간 문명은 시기 혹은 질투의 역사다. 성경에 나오는 카인과 아벨의 이야기는 상당히 의미심장하다. 유목민을 대표하는 동생 아벨은 '양'을 가지고, 농경민을 대표하는 형 카인은 '곡식'을 가지고 신에게 제사 드린다. 야훼가 아벨의 제사만을 받자, 분노한 카인은 동생을 살해한다. 의아하게도 신은 카인을 죽이지 않는다. 오히려 카인에게 '표식'을 주어 누구도 그를 해치지 못하게 한다. 인류는 그 카인의 후손이다. '질투'는 인류의 운명이라는 이야기다.

유목민의 경우, '질투 관리jealousy management'는 철저했다. 다양한 제의ritual를 통해 한 사람에게 부와 권력이 집중되는 것을 막았다. 매번 옮겨 다녀야 하는 유목민에게 질투 관리는 사실 그리 복잡한 일이 아니었다. 그러나 인류가 한곳에 정착해 살기 시작하면서 질투 관리는 매우 어려워졌다.

이제 인류는 다양한 문화적 장치를 동원해 시기와 질투를 관리하기 시작한다. 법과 제도, 윤리와 도덕은 그렇게 시작된 것이다. 심리학적 관점에서 볼 때, 문화의 본질은 질투 관리다. 빈부 격차가 급격하게 벌어지지 않도록 세금, 복지 관련 제도가 정비된다. 시기와 질투는 부도덕한 것으로 여겨지고, 타인의 질투를 야기하지 않도록 '겸손'이 강조된다.

한국 사람의 시기와 질투는 유난히 강하다. 압축성장 때문이다. 경제적 풍요가 서서히 이뤄진 서구 사회의 경우에 질투 관리 체계, 즉 문화가 세련되고 은밀하게 진행되었다. 그 결과 신분의 차이나 빈부 격차를 자연스럽게 받아들이게 되었다. 그러나 경제적 풍요에 모든 것이 집중되어 있었던 한국 사회는 질투 관리에 소홀했다.

경제적 풍요도 정당한 노력의 결과라기보다는 정경유착과 같은 비정상적인 수단이나 갑작스러운 땅값 상승과 같은 운의 결과로 여겨졌다. 실제로도 그랬다. 오늘날 한국 사회에서 시기와 질투는 아주 쉽게 정당화된다. 문제는 시기와 질투의 정당화가 분노와 결합할 때다. 한 사회의 미래가 불분명해지는 매우 위험한 상황이다. 한국 사회에서 질투 관리는 상당 기간 아주 어려운 과제가 될 듯하다.

인정투쟁과 '주인과 노예의 변증법'

독일의 철학자 헤겔Georg Wilhelm Friedrich Hegel, 1770~1831의 정신현상학에 나오는 개념이다. 헤겔 철학의 핵심은 '이성'에 대한 신념이다. 인간 이성은 절대자의 체계이며, 현실에서 이 보편타당한 합리성은 변증법적으로 구현되어야 한다. 인정투쟁은 헤겔의 예나Jena 시절에 작성된 저서, 특히 『정신현상학Phänomenologie des Geistes』 가운데 '주인과 노예의 변증법'을 설명하는 데 사용되었다. 사실 인정투쟁은 헤겔 철학의 중심 개념이라고는 할 수 없다. 초기 저작에 나타났다가 어느 순간부터 사라져버린 개념을 히비마스의 제자인 악셀 호네트Axel Honneth, 1949~가 집중 연구해 뒤늦게 주목받게 된 개념이다.

주인과 노예의 관계는 영원히 지속되지 않는다. 역사의 변화, 즉 역사 발전이란 주인과 노예의 관계가 끊임없이 역전되는 과정이다. 주인은 노예의 인정을 받을 필요가 없다. 노예는 자신의 노동을 통해 생산되는 생산물을 통해서만 주인의 인정을 받을 수 있다. 그러나 노예는 자신의 생산물을 통해 자기 자신을 확인하는 '자의식'을 어느 순간부터 갖게 된다. 주인은 여전히 노예의 생산물을 소비할 뿐이다. 노동을 통해 자의식을 획득한 노예는 투쟁을 통해 주인을 제거한다. 이제 주인이 노예가 되고, 노예는 주인이 된다.

악셀 호네트는 이 같은 헤겔의 인정투쟁 개념을 미국의 사회심리학자 조지 허버트 미드George Herbert Mead, 1863~1931의 '주격 자아(I)'와 '목적격 자아(Me)'의 정체성Identity 이론과 연계해 이론적 확대를 시도한다. 타인에 의해 인식된 '목적격 자아'와 스스로 인식하고 있는 '주격 자아'의 불일치는 인정투쟁으로 이어진다는 것이다.

대부분의 경우, 인정투쟁은 목적격 자아에 포함되지 않은 주격 자아의 내용을 드러내려는 과정이다. (여기부터는 내 생각이다.) '겸손하라'는 도덕적 명령은 인정투쟁의 반대 과정이다. 겸손은 주격 자아를 목적격 자아의 수준, 혹은 그 이하의 수준으로 일치시킴으로 타인에 의한 정체성 훼손을 미연에 방지하는 수단으로 작동하기 때문이다.

관광지의 정겨움을
망가뜨리는 인간은 어디에나 꼭 있다.

이분법은
나쁜 짓이다

•

오십 중반이 넘도록 장가 못 간 내 친구는 세상의 모든 여자를 오직 '예쁜 여자'와 '못생긴 여자'로 나눈다. 장담컨대 그 녀석은 죽을 때까지 혼자 살 거다. '내 편 – 네 편'의 이분법은 존재가 불안한 이들의 특징이다. 자신의 위치를 정하고 반대편에 적을 만들어야 자신의 존재가 확인되는 까닭이다.

자녀가 둘인 부모에게 자신의 자녀가 어떠냐고 물어보면, 둘을 꼭 비교해서 대답한다. "첫째는 너무 착해요. 그런데 둘째는 좀 이기적이에요." 이런 식이다. 둘 중에 하나는 긍정적으로, 다른 하나는 부정적으로 대비시켜 설명한다. 아들만 둘 혹은 딸만 둘일 경우에 더욱 그렇다.

자녀가 셋일 때 특히 아들과 딸이 섞여 있는 경우, 부모는 자신의 자녀들을 서로 비교하기보다는 각각의 특성을 이야기한다. "첫째는 운동을 좋아하고, 둘째는 영어를 잘하고, 셋째는 게임을 좋아해요."

경우의 수가 두 개뿐이면 반드시 극과 극을 달리게 되어 있다. 그래서 홀짝보다는 가위바위보를 해야 중간에 안 뒤집어엎는다. 선택의 폭이 넓어야 세상을 보는 눈이 관대해진다. 심리학적으로 자유란 '선택의 자유 freedom of choice'를 뜻한다. 주어진 콘텍스트에서 주체적 선택의 범위가 넓어야 행복하다.

한국 사회가 온통 분노와 적개심에 가득 차 있는 까닭은 매번 말도 안 되는 이분법을 강요당하기 때문이다. 요즘 기존의 여당, 야당과는 다른 새로운 당이 나왔으면 하는 기대가 큰 이유도 네 편 - 내 편, 보수 - 진보의 이분법적 강요로부터 이젠 제발 좀 벗어나고 싶기 때문이다. 세상에 어찌 좌파 - 우파만 있겠는가. 위파 - 아래파도 있고, 앞파 - 뒷파도 있다. 젠장, 난 매번 '양파'다! 세상은 그만큼 중층적이고 다양하다.

정당정치가 되었든 일상의 사소한 선택이 되었든, 이분법적 갈등에서 벗어나려면 현재를 상대화하는 '메타meta적 시선'을 발견해야 한다. 자녀가 둘이어도, 아들딸이 섞여 있는 부모가 이분법적 딜레마에서 좀 더 쉽게 벗어날 수 있는 것과 마찬가지다. 세상을 바라보는 시선이 다양하면 맘이 많이 편해진다.

메타적 시선은 재미있을 때만 가능하다. 재미와 메타적 시선은 동전의

슬픈 자코메티 | 2013 | 420×595 | 화지에 수간채, 석채

양면이다. 비극이나 공포 영화를 즐길 수 있는 이유는 그 이야기가 허구라는 걸 알기 때문이다. 무서운 이야기에 빠져드는 자신을 상대화하는 메타적 인지 능력이 있어야만 즐길 수 있다.

요즘 리얼리티 프로그램이 인기 있는 이유도 바로 이 메타적 시선 때문이다. 최근까지 시청자들은 텔레비전 프로그램의 수동적인 소비자였다. 그러나 리얼리티 프로그램은 시청자에게 끊임없이 말을 걸어온다. 이때 화면 자막의 기능은 결정적이다.

원래 자막은 청각장애인을 위한 보조 도구였다. 자막의 내용 또한 화면의 소리를 그대로 옮길 뿐이었다. 그런데 언제부터인가 자막은 화면의 내용과 완전히 따로 논다. 도대체 자막의 화자가 누구인지 모를 정도다. 프로그램 출연자의 목소리였다가, PD의 목소리가 되기도 하고, 시청자의 감탄사를 대신하기도 한다. 제멋대로 맥락을 넘나든다. 메타적 시선의 '폴리포니polyphony'다. 그래서 재미있는 거다. 이제 자막 없는 예능은 아예 불가능할 정도다.

프로이트가 정의하는 유머humor의 정신분석학적 본질도 마찬가지다. 유머란 '어린아이와 같은 자아ego'에게 '어른과 같은 초자아super-ego'가 '지금 중요하게 여겨지고, 고통스럽게 느껴지는 그런 것들은 사실 아무것도 아니다'라며 달래는 것이라고 프로이트는 설명한다. 메타적 시선으로 여유롭게 보는 능력을 유머 감각이라 한다. 유머가 있는 사람이 정신적·육체적 고통을 훨씬 잘 이겨낸다는 것은 널리 확인된 사실이다.

오늘날 한국 사회에 가장 시급한 것은 바로 '재미'의 복원이다. 사는 게 재미있어야만 이분법적 시선을 상대화하고 객관화할 수 있다. 개인의 삶도 마찬가지다. 사는 게 재미있어야만 다른 이야기에 관대해질 수 있다. 옆 사람 이름까지 깜빡할 정도로 기억력이 쇠퇴해도, 내 생각과는 다른 이야기를 끝까지 들어줄 수 있어야 중년 이후의 삶이 풍요로워진다. 재미있게 살며, 메타적 시선을 유지하는 능력을 노인학에서는 '지혜'라고 한다. '지혜로운 노인'의 반대말은 '성질 고약한 노인네'다.

· ·

메타적 시선

메타적 사고 혹은 메타적 시선이란 '생각에 대한 생각' '시선에 대한 시선'을 뜻한다. 심리학에서는 상위인지meta-cognition라는 개념으로 설명한다. 일상에서 메타적 사고는 다음과 같은 식으로 작동한다. 은행의 비밀번호를 정할 때, 대부분 생년월일 혹은 전화번호와 관계된 것을 선택한다. 기껏 복잡해봐야 옛날 애인 전화번호나 군번이다.

비밀번호는 쉽게 기억할 수 있어야 하기 때문이다. 여기에는 두 종류의 '나'가 작동한다. 매번 비밀번호를 생각해야 하는 '1번 나'와, 비밀번호를 생년월일이나 전화번호로 정해주면 '1번 나'가 쉽게 떠올릴 수 있을 것이라고 생각하는 '2번 나'다. 바로 이 '2번 나'가 메타적 시선이다. 철학에서는 이 메타적 시선을 성찰 혹은 자기반성self-reflection이라고 한다. 거울에 비친 자신의 모습을 바라보는 또 다른 시선을 획득하는 정신적 능력이다.

서정주의 시 「국화 옆에서」를 보면 "그립고 아쉬움에 가슴 조이던, 머언 먼 젊음의 뒤안길에서, 이제는 돌아와 거울 앞에 선, 내 누님같이 생긴 꽃이여"라는 구절이 나온다. 거울 앞에 서 자신을 비춰 보는 메타적 시선은 여유롭고 외로운 시간에 제대로 작동한다. 바쁘고 정신없으면 메타적 시선의 획득, 즉 성찰은 불가능하다. 그래서 외로운 시간이 필요하고, 잘 쉬어야 한다.

폴리포니

폴리포니polyphony는 '다수'를 뜻하는 그리스어의 'polys'와 '소리'를 뜻하는 'phonos'의 합성어다. 여러 성부를 가진 음악으로 다성음악多聲音樂이라고도 한다. 여러 개의 선율이 어느 정도의 독립성을 유지하면서도 동시에 결합되는 형태다. 바흐의 '푸가fugue'와 같은 음악이 대표적이다. 폴리포니에 대립되는 형태는 '모노포니monophony'다. 그레고리안 성가와 같은 단선율 음악이다.

여러 성부가 노래하다 보니 화음이 생겼고, 그때부터 음악은 흥미롭고 재미있는 것이 된다. 여러 가지 복잡한 규칙도 생겼다. 바흐의 대위법이 그렇다. 그러나 대위법으로 작곡된 곡을 합창으로 연주할 경우, 가사 전달의 어려움이 생긴다. 그래서 바흐는 칸타타를 작곡할 때 '코랄choral'을 꼭 집어넣었다. 코랄이란 각기 다른 성부가 같은 가사를 동시에 노래하는 방식이다.

음악적 폴리포니를 소설과 같은 문학 작품 해석에 적용한 이는 러시아의 문학비평가 미하일 바흐친Mikhail Bakhtin, 1895~1975이다. 소설이란 주인공의 독백으로 이뤄지는 것이 아니라, 다양한 목소리들의 대화로 구성된다는 것이다. 목소리가 다양해야 재미있다. 서로 다른 목소리 사이의 틈이 존재해야 해석이 가능하고 상상력이 생긴다. 노래도 독창만 계속되면 지루하다. 이야기도 혼자만 하면 하나도 안 재밌다. 10년 넘도록 기러기 아빠인 내 친구 재림이도 하루 종일 혼자서 이야기한다. 아무튼 혼자만 이야기하면 안 된다.

노인학

—

노인학gerontology은 1903년에 생물학자이자 노벨상 수상자인 메치니코프Ilya Ilyich Mechnikov, 1845~1916에 의해 처음 사용되었다. 노인학이 대두된 것은 의학의 발달로 영양 상태가 개선되고 평균수명이 연장되면서, 노인 인구가 급격하게 증가했기 때문이다. 은퇴 이후의 삶이 수십 년으로 늘어나면서 100세 시대를 살아가는 현대인에게 노년의 삶을 어떻게 살 것인가는 아주 심각한 문제다.

과거 발달심리학에서는 인간의 발달을 크게 '아동기 – 청년기 – 장년기'로 나눴다. 그러나 20세기 들어 학문이 더욱 세분화되면서 '영유아기 – 아동기 – 청소년기 – 청년기 – 장년기'로 인간발달과정을 나누기 시작했다. 이때까지만 해도 인간발달은 청년기에서 완성된다고 봤다. 장년기는 완성된 삶을 유지하는 기간으로 여겼다. 그러나 20세기 후반, 고령화 사회가 본격 시작하면서 인간발달은 청년기에서 끝나는 것이 아니라 평생 동안 일어난다는 '전생애발달life-span development'이라는 개념이 나타난다. 이후, 노인이 되어서도 일어나는 발달과 변화 과정을 탐구하는 노인학이 등장하게 된다.

한국 사내들의 기억에
친구 누나는 항상 자고 있었다.
친구 누나는 잠자는 숲 속의 공주다.

•

'친구 집에 놀러 갔다.
친구 누나가 자고 있었다.
나는 꼴려서 그만…'

70~80년대 학교 '푸세식 변소'에 쭈그리고 앉으면
어설픈 춘화와 더불어 어쩔 수 없이 읽어야만 했던 낙서다.

…

돌가루, 조갯가루로 그려진
화면 전체를 사포로 갈아엎으면
아주 오래된 벽화의 느낌이 난다.

가짜 빈티지 가구를 만드는 목수처럼
나는 덧없었던 '우리 기쁜 젊은 날'을 애도한다.

오이디푸스, 아사세, 홍길동

•

현재 나는 교토 외곽의 한 전문대학에서 그림을 공부하고 있다. 사실은 노인들을 위한 '성인만화' 작가를 꿈꾸고 들어갔다. 고령화 사회의 엄청난 블루오션인 까닭이다. 그러나 남다른 에로틱한 상상력을 표현하기에 내 일어 실력이 형편없이 부족하다. 그래서 매일 오전 일본어 수업을 받는다. 그런데 내가 다니는 학원 이름이 '녹두학원'이다.

녹두장군 전봉준을 존경한다는 무라야마 도시오村山俊夫 선생이 운영하는 작은 학원이다. 학생 중에는 윤동주 시인을 사랑하는 일본 아주머니들이 많다. 한류의 원조는 욘사마가 아니다. 윤동주 시인이다. 무라야마 선생은 '안성기 평전'을 써서 우리 문화를 일본에 소개하기도 했다. 한국에는 『청춘이 아니라도 좋다』라는 제목으로 번역되었다.

무라야마 선생은 수업 시작 때마다 신문을 펴놓고 아베 총리의 일본을 성토한다. 그는 젊은 시절, 천황제天皇制를 이용해 군국주의의 부활을 꿈꾸는 극우 세력이 판치는 일본은 곧 망할 거라 생각해서 연금도 안 들었다. 그 때문에 요즘 아침마다 부인에게 혼난다. 그는 천황제에 대해 어떠한 문제 제기도 없는 일본의 현실에 아주 깊은 한숨을 쉰다. 그러나 정신분석학적으로 해석해보면, 일본에서 천황제의 폐기란 불가능하다. 일본은 프로이트가 말하는 '오이디푸스 콤플렉스Oedipus complex'가 없는 민족이기 때문이다.

어머니를 차지하기 위한 아버지에 대한 아들 오이디푸스의 투쟁은 아버지에 대한 상징적 살해로 완성된다. 아버지를 극복하지 못하면 변화는 없다. 아들을 위한 세계도 없다는 뜻이다. 아버지를 살해한 아들들은 형제들끼리의 투쟁을 막기 위해 아버지를 상징하는 토템 동물을 만들고 숭배한다. 아버지의 여자들을 건들면 안 되는 터부도 함께 시작된다. 종교와 사회제도의 오이디푸스적 출발이다.

역사학자 린 헌트Lynn Hunt, 1945~ 는 한 발짝 더 나아가 프랑스 혁명 이후에 나타난, '형제애'라는 뜬금없는 구호는 절대군주제를 대체하는 오이디푸스적 해결이라고 주장한다. 아버지를 살해한 형제들끼리의 '신사협정'인 것이다. 오늘날 전혀 다른 언어와 인종이 유럽연합EU이라는 이름 하에 모일 수 있는 근거는 바로 이 형제애 때문이라는 해석까지 가능하다. 물론 이런 평화적 통합에는 독일이 가장 중요한 역할을 했다.

독일의 전후 세대는 나치 시대의 부모들을 절대 인정하지 않는다. 주말마다 TV에서 틀어대는 할리우드식 전쟁 영화에서 그들의 부모들은 연합군에 의해 처절하게 살해된다. 그러나 오늘날의 독일인들은 자신들의 부모를 살해하는 연합군 편이다. 끊임없는 상징적 친부 살해다. 이 고통스러운 독일의 오이디푸스적 자기부정이 있었기에 오늘날의 유럽이 가능했던 것이다. 유럽연합은 독일이라는 친부 살해의 주동자가 이끄는, 형제애로 얽혀 있는 집단이다.

일본의 정신분석학자들은 오이디푸스 콤플렉스 자체를 부정한다. 일본의 아버지는 아들들이 감히 살해할 수 있는 존재가 아니기 때문이다. 프로이트의 제자였던 일본의 1세대 정신분석학자 고사와 헤이사쿠古澤平作, 1897~1968는 대안으로 '아사세阿闍世 콤플렉스'를 주장한다. 인도 불전에 나오는 아사세라는 인물은 어머니가 자신의 출생을 원치 않았다는 사실에 원한을 품고 어머니를 죽이려고 한다. 그러나 나중에 어머니의 헌신과 사랑으로 참회하게 된다. 이처럼 아버지가 아니라 어머니에 대한 아들의 원망과 사랑이라는 양가감정이 일본인의 심층 심리를 더 잘 설명할 수 있다는 거다.

고사와 헤이사쿠의 제자 도이 다케오土居健郎, 1920~2009는 아사세 콤플렉스를 더 발전시켜, 일본인에게는 '아마에甘え'라는 독특한 정서가 있다고 주장한다. 응석 부리기나 어리광 같은 정서가 일본인들의 독특한 집단의식의 심리학적 근거라는 거다. 일본인 정신분석학자들의 주장을 확대해 해석하면 '일본은 영원히 아버지를 극복할 수 없다'는 이야기가 된다.

네 아빠는 진짜가 아니다 | 2013 | 185×145 | 수채화 종이에 유성펜, 색연필, 수채화 물감

이렇게 보면, 오늘날 식민지 지배나 태평양 전쟁 당시의 만행에 대해 일본이 보이는 태도는 지극히 당연한 것이 된다. 그 이야기를 끌고 올라가다 보면 결국 천황제에 대한 부정에 이르기 때문이다. 그래서 '우리는 원폭 희생자다!' '식민지 시대는 배상으로 끝났다!'와 같은 응석 부리기만 죽어라 해대는 거다. 일본도 이제 좀 '군대를 갖고 강해져야 한다'고, 아마에적 정서로 '징징대는' 일본과 동아시아의 밝은 미래를 도모하는 것은 아무래도 어렵다는 것이 정신분석학적 해석을 졸졸 따라가다 보면 나오는 결론이다.

독일이 오이디푸스 콤플렉스, 일본이 아사세 콤플렉스라면 우리는 어떨까? 아버지를 아버지라고 부르지 못하는 '홍길동 콤플렉스'다. 도무지 부정할 만한 아버지조차 없다는 뜻이다. 허약한 아버지는 나라를 빼앗기고 식민지로 전락했다. 독립도 남의 도움으로 겨우 가능했다. 그런데 곧바로 형제들끼리 서로 죽이며 싸웠다. 수십 년이 지난 오늘날도 여전히 서로 죽일 듯 째려보고 있다. 도무지 헷갈리는 것은, 같은 민족이라는데 도대체 서로의 부모가 누구인지 모른다는 사실이다. 우리는 '단군 할아버지'인데, 저쪽은 죽어라 '어버이 수령님'만 외쳐댄다. 아주 환장한다.

상징적 친부 살해는 물론, 형제애조차 꿈꿀 수 없다. 그래서 출생의 비밀이 난무하는 '막장 드라마'가 끊이지 않는 거다. 막장 드라마는 분단이 남긴 정신분석학적 상처라는 게 내 생각이다. 전 세계에 유일한, 이 어처구니없는 분단 현실이 그 어떠한 집단 심리학적 상처도 남기지 않을 것이라 믿는 것은 심리학자로서 너무 안이한 태도다.

쓰다 보니, 이야기가 너무 많이 건너뛴 것 같다. 흠… '아니면 말고'다. 객관적 확인이 불가능한 인문·사회학적 가설의 대부분은 일단 던져놓고 보는, '아니면 말고'다.

언젠가 박찬욱 영화감독의 '가훈'이 '아니면 말고'라는 인터뷰 기사를 읽은 적이 있다. 아주 훌륭한 가훈이다. 종편의 '쾌도난마'를 진행했던 박종진 앵커의 가훈은 '콜'이라고 한다. 이 또한 죽이는 가훈이다.

• •

오이디푸스 콤플렉스

—

아들이 아버지를 증오하면서 어머니에 대해 품는 무의식적인 성적 애착. 오이디푸스 콤플렉스는 그리스 신화 오이디푸스에서 따온 말로, 프로이트가 정신분석학에서 쓴 용어다. 프로이트가 만들어낸 개념 중에 가장 훌륭한 개념이라고 나는 생각한다. 세상 모든 곳에서 확인되는 '아버지 – 아들' 간 갈등을 환상적으로 설명할 수 있기 때문이다.

프로이트에 따르면 남자 아이는 자라면서 '아버지처럼 어머니를 사랑하고 싶다'는 욕망을 갖게 된다. 그러나 아버지와의 경쟁은 너무 벅차다. 급기야는 아버지가 자신의 성기를 자를 것이라는 두려움에 떨게 된다. 이제 아이는 아예 태도를 바꾼다. '아버지처럼 되고 싶다'고 생각한다. '비겁해진' 아이는 자신을 아버지와 동일시하며 아버지의 가치를 공유하고 계승한다. 프로이트의 정신분석학에서 도덕적 초자아超自我는 이렇게 형성된다.

이와 반대되는 개념인 엘렉트라 콤플렉스Electra complex는 딸이 아버지에 대해 성적 애착을 가지며 어머니에게 증오심을 가지는 성향을 뜻한다. 그러나 엘렉트라 콤플렉스는 그리 훌륭한 개념이 못 된다. 남자 아이의 '성기가 잘릴 것에 대한 두려움'이 여자 아이에겐 없기 때문이다. 그래서 프로이트의 정신분석학에서 여성의 사회화 과정에 관한 설명은 아주 허술한 '구멍'이다.

고사와 헤이사쿠와 아사세 콤플렉스

—

옛 인도 빈바사라 왕의 왕비는 아기를 낳지 못했다. 그러자 예언자를 찾아가 아기 낳을 방법을 묻는다. 예언자는 숲 속의 선인이 3년 후에 죽어 그녀의 왕자로 환생한다는 말을 전해준다. 그러나 마음이 급해진 왕비는 3년을 기다리지 못한다. 보다 빨리 아기를 잉태하고 싶은 마음에 그 선인을 찾아 죽이고 만다. 선인은 죽으면서, 태어날 아기가 아버지를 죽일 것이라고 저주한다. 겁이 난 왕비는 아이를 유산하려 했지만 실패한다. 아기가 태어나자 절벽에서 떨어뜨리지만 아기는 죽지 않고 살아난다.

훗날 자신의 출생과 관련된 비밀을 알게 된 왕자 아사세는 아버지인 부왕을 죽이고 어머니마저 옥에 가둔다. 그러나 아사세는 후회와 죄의식으로 심한 병을 앓게 된다. 어머니는 병든 아들을 정성을 다해 돌보고 기도해 아들의 병을 낫게 한다. 건강을 되찾은 아사세는 참회하고 석가의 가르침에 따르는 새로운 삶을 살게 된다.

아사세라는 말에서 '아사阿闍'는 '태어나지 않은', '세世'는 '원한'을 의미한다. 아사세란 '태어나기 전부터 원한을 가진 아이'라는 뜻이다. 일본의 정신분석학자 고사와 헤이사쿠가 1932년 발표한 아사세 콤플렉스 이론은 이 설화에서 기인했다. 프로이트의 오이디푸스 콤플렉스는 아버지에 대한 원망이 자아 성장의 핵심 요인이지만, 아사세 콤플렉스는 참회와 어머니의 자비가 핵심 요인이다. 오이디푸스 콤플렉스에서는 아버지를 죽이거나, 아버지에게 항복하는 방식으로 성장이 이뤄진다. 그러나 아사세 콤플렉스에서 아버지는 갈등의 플롯에서 아예 벗어난 존재다.

도이 다케오와 아마에

일본의 정신의학자 도이 다케오는 『아마에의 구조』라는 책에서 '아마에甘え'라는 용어를 통해 일본인들의 심층 심리를 설명했다. '아마에'란 '음식 등이 달다'를 뜻하는 '아마이あまい'의 명사형이다. 한국어로는 어리광이나 응석으로 번역되지만, 도이 다케오는 이를 보다 폭넓게 해석해 '남에게 의지하고 싶은 욕구'라고 정의했다.

도이 다케오의 이론은 오늘날 일본의 젊은이들에게서 나타나는 은둔형 외톨이(히키코모리引き籠り)나 나이가 들어서도 부모 품을 떠나지 않는 캥거루족과 같은 현상을 설명할 때 동원되기도 한다.

이어령은 『축소지향의 일본인』에서 도이 다케오의 아마에가 일본에만 있는 현상이 아니라고 비판한다. 한국에서도 응석이나 어리광 같은 단어가 일상적으로 사용되고 있고, '엄살'과 같은 표현은 아마에보다 훨씬 더 중층적이고 복잡하다는 것이다. 일본인이 오로지 서양과의 비교를 통해서만 일본 문화의 정체성을 주장하고, 이웃 나라의 문화에 관해서는 무지하기 때문에 이런 어설픈 일본 문화론이 나온다는 것이다.

자꾸 모자만 늘어난다.

아! 일본이
분단됐어야 했다

•

결국 마지막 30페이지를 남기고 포기했다. 일본에서 지내는 동안 책 두 권은 번역하기로 맘먹었다. 간단한 심리학 책 한 권을 번역하고 나니 좀 더 어려운 책을 번역할 욕심이 생겼다. 과감하게 헤겔 미학과 동양 미학의 관계를 모색하는 철학 책을 선택했다. 아, 그러나 의욕이 과했다. 내용은 둘째 치고 저자의 문장이 도무지 참기 어렵게 꼬여 있다.

이런 식이다. '広く人の心を打つものとなっているということになるのである.' 그대로 번역하면 이렇게 된다. '널리 사람들 마음을 움직이는 것이 되어 있다고 하는 것이 되는 것이다.' 문맥상 그냥 '널리 사람들 마음을 움직인다'고 하면 된다. 도대체 뒤쪽 문장은 왜 썼는지 모르겠다. 저자의 모든 문장이 이렇다. 이유는 간단하다. 자기 의견을 분명히 하지 않으

려는 까닭이다. (이따위 비겁한 문장은 한국의 학술 논문에서도 자주 발견된다.) 이 저자가 유별나기는 하지만, 일본에서 자신의 생각이나 감정을 솔직히 드러내는 것은 상당히 두려운 일이다.

'두려움'은 일본의 집단심리학적 특징이다. 일본인이 친절한 이유도 두렵기 때문이라고 나는 생각한다. 정해진 룰 안에서만 친절하기 때문이다. 그 틀을 벗어나면 태도가 돌변한다. 일본에서는 친절도 상호작용의 규칙 같은 거다. 규칙을 어겼을 때의 처벌에 대한 두려움 때문에 친절하다는 뜻이다. 우리가 생각하는 친절과는 그 본질이 다르다.

두려움이라는 일본의 집단심리학적 특징을 말하면, 사람들은 아무 때나 칼을 뽑았던 사무라이 이야기를 한다. 그러나 '사무라이 환원론'은 이제 많이 진부하다. 언제 적 사무라이인가? 일본의 꼬인 근대사에서 그 원인을 찾아야 한다. 근대적 국가 형태를 갖췄음에도 신화적 천황제를 여전히 포기하지 못하기 때문이다. 패전이라는 천황제 폐기의 유일한 기회를 놓친 것도 한 원인이다. 그래서 '일본인은 누구인가?' '일본은 어떤 나라인가?'에 관한 책이 일본에 그렇게 많은 거다. 물론 순전히 내 생각이다.

일본은 자신이 누구인가에 관해 가장 많이 고민하는 나라다. 시도 때도 없는 일본론, 일본인론이 난무한다. 정체성 혼란이다. 후쿠자와 유키치福澤諭吉, 1835~1901의 '탈아론脫亞論'에서부터 시작된 정체성 혼란은 동아시아의 일원이기를 거부하는 오늘날까지 지속된다. 바로 여기에 두려움이라는 현대 일본 집단심리학의 특징이 근거하는 것이다. 뜬금없이 오케스트라 지휘자나 입는 연미복을 입고 야스쿠니 신사를 참배하는 아베의 엄숙한 표정은 정체성 혼란에 따른 뿌리 깊은 두려움의 표현일 따름이다.

두려움이 일본의 집단심리학적 특징이라면 한국의 집단심리학적 특징은 무엇일까? '분노'다. 근대 이후 식민지, 전쟁, 가난, 군사독재를 겪으며 집단무의식 깊숙이 가라앉은 분노와 적개심이다. 분노와 적개심은 억눌린 사람들이 가질 수 있는 마지막 저항 수단이다. 때로는 자기파괴적이기도 하다.

고통스러웠던 시절의 분노와 적개심이 '한'으로 응어리져 오늘날에 이른 것이다. 그러나 이제 우리가 식민지를 벗어난 지도 70년이 넘었다. 여야가 바뀌가며 정권을 잡는 형식적 민주주의도 이뤄냈다. 세계 10위권의 경제 대국이 되었다. 압축성장에 따른 빈부 격차 문제가 심각하지만, 분노와 적개심만으로 모든 문제를 풀 수 있는 사회는 더 이상 아니다. 그런데도 왜 거리에는 분노와 적개심이 넘쳐나는 것일까? 왜 이토록 쉽게 내편, 네 편이 나뉠까? 생각이 다르다는 이유만으로 왜 이렇게 간단히 '죽일 놈'이 되어버리는 것일까?

문제야 어느 사회든 있게 마련이다. 그러나 그 문제 해결 방식이 이토록 거칠고 투박할 수는 없는 일이다. 분단 때문이다. 분노와 적개심이라는 한국인의 낡은 집단심리학적 상처는 이 황당한 분단 상황 때문에 여전히 지속되고 있는 것이다. 달리 설명할 방법이 없다. '우리 편' 아니면 바로 '적'이라는 분단의 이분법이 한국인들의 인지적 쉐마schema로 굳어졌

통일은 도둑처럼 온다 | 2014 | 228×158 | 화지에 수간채, 석채

다는 이야기다. 그래서 통일이 되어야 하는 거다. 이 뿌리 깊은 집단심리학적 상처를 치료하기 위해 통일은 꼭 되어야 한다. ('반만년 유구한 역사의 한민족'이기 때문에 통일이 되어야 하는 것이 아니다. 낡은 민족주의에 기초한 당위적 통일론은 오늘날의 젊은이들에게 전혀 설득력 없다.)

통일된 독일을 살펴보니 분단의 상처는 분단의 시간만큼이 지나야 치료된다. 70년 분단 시간을 보냈으면 또 다른 70년이 지나야 심리적 상처까지 아문 진정한 통일을 이룰 수 있다. 생각이 여기까지 이르니 갑자기 많이 억울하다는 생각이 든다. 원래는 일본이 분단되었어야 옳기 때문이다. 전쟁의 책임으로 독일이 동서로 나뉘었듯이 일본도 동쪽 섬 두 개, 서쪽 섬 두 개로 나뉘었어야 옳다. 일본은 큰 섬이 네 개라 나누기도 아주 편하다.

전쟁은 일본이 일으키고, 그 죄과는 우리가 뒤집어쓴 꼴이다. 그래서 일본의 과거사에 대한 태도가 여태 저 모양인 거다. 일본이 전쟁 책임을 안고 독일처럼 분단되었더라면, 지금처럼 가해자였음을 새까맣게 잊고 '원폭 피해자' 시늉만은 안 했을 것이다. 그 분단의 상처를 부둥켜안고 주변 국들에 끼친 그 사악함을 끊임없이 성찰할 수 있었더라면, 지금처럼 '도덕적으로 무시당하는 나라'가 되지는 않았을 것이다.

통일된 독일이 유럽연합을 주도적으로 이뤄내고, 강력한 리더십을 발휘할 수 있는 것은 바로 그 분단의 상처를 성숙하게 견뎌냈기 때문이다. 우리의 분단이야 억울하기 그지없는 일이지만, 그렇다고 그 분단의 상처를 자기파괴적 분노와 적개심으로 풀어내서는 안 된다. 이 고통의 시기를 창조적으로 견뎌내야 우리에게도 새로운 리더십의 기회가 온다.

아무튼, 갓 서른 청년이 아무리 용을 써도 그 황당한 시스템을 지금처럼 계속 유지할 수는 없는 일이다. 구멍가게도 그런 식으로 아들이 이어받으면 바로 망한다. 통일은 새벽 도둑처럼 온다.

• •

천황제
—

고대에서 현대까지 동일가계同一家系의 세습 천황이 존속하는 일본의 독특한 사회제도. 초대 천황인 진무神武 천황에서 현재의 천황인 아키히토明仁 천황(125대, 1989년 즉위)에까지 이어지고 있다. 일본 천황이 가진 통치권은 시대의 흐름에 따라 변화했다.

원래 일본 역사에서 천황은 쌀의 풍작을 가능케 하는 신이었다. 800만에 달하는 신들 가운데 하나였을 뿐이다. 이 같은 천황을 살아 있는 전지전능한 신으로 만든 것은 이토 히로부미伊藤博文, 1841~1909와 같은 메이지 시대의 정치가들이었다. 그들은 독일인 고문 로렌츠 폰 슈타인Lorenz von Stein, 1815~1890의 제안에 따라 기독교의 '양 치는 목자' 모델을 흉내 냈다. 오늘날까지 일본은 '종교 국가'라고 봐야 옳다.

후쿠자와 유키치

—

일본 개화기의 계몽 사상가이자 교육가, 저술가. 1860년대 개항과 개화, 막부 철폐와 구습 타파 등을 주장하고, 1868년 메이지 유신에 큰 영향을 미쳤다. 당시 세계의 중심이 영국과 미국이라는 사실을 깨닫고, 서구 사상과 문물을 일본으로 도입하는 데 앞장섰다. 임오군란 이후 조선에서 청의 세력이 확대되자 조선의 급진 개화파를 지원하기도 했다. 후에 게이오 대학을 설립했다. 서양 언어를 번역하는 과정에서 '문명' '개인' '개화'와 같은 새로운 단어들을 만들어내기도 했다. 오늘날 일본에서 사용하는 만 엔짜리 지폐에는 그의 초상화가 실려 있다.

후쿠자와 유키치는 일본인들에게 동양인의 정체성을 부정하라고 요구했다. 이른바 '탈아론'이다. 실제로 그는 이렇게 말했다. "악우惡友와 친하게 되면 악명을 면하기 어렵다. 우리는 진심으로 아시아 동방의 나쁜 친구들을 사절해야 할 것이다." 오늘까지도 그가 주장한 탈아론은 일본 사람들의 정신과 문화에 깊은 영향을 미치고 있다.

쉐마

—

이미 구조화된 생각이나 행동을 뜻한다. 인간은 자신에게 주어지는 정보나 자극을 백지상태로 경험하지 않는다. 자신이 이미 가지고 있는 배경지식에 따라 받아들인다. 영어로 스키마schema라고 한다. 발달심리학자 피아제는 우리의 지식은 인지구조에 기초해서 생성된다고 주장했다. 인지구조를 구성하는 쉐마는 외부 환경과의 상호작용에서 끊임없이 재구조화된다.

이 재구조화의 과정을 피아제는 조절accommodation과 동화assimilation라는 생물학적 개념을 빌려 설명한다. 조절은 새로운 경험이 자신의 쉐마로 설명되지 않을 때, 기존의 쉐마를 수정하는 것을 의미한다. 동화는 자신이 이미 가지고 있는 쉐마에 맞춰 새로운 경험을 이해하는 과정이다. 이러한 조절과 동화를 통해 인간의 인지구조는 균형 상태equilibrium를 이루게 된다.

아무리 새로운 자극이 있어도 자신이 이미 가지고 있는 인지구조를 전혀 바꾸지 않는 경우를 '편견'이라고 한다. 동화만 일어나고 조절은 전혀 일어나지 않는 경우다. 이분법적 사고도 전형적인 편견의 한 유형이다. 나이가 들면서 가장 주의해야 하는 것이 바로 이 같은 인지구조의 불균형이다. 그래서 나이가 들수록 끊임없이 새로운 자극에 노출되어야 하는 거다.

•

내 연구실이 있는
도시샤(同志社) 대학 후소칸(扶桑館)을 돌아 나오면 윤동주 시비가 있다.
'죽는 날까지 한 점 부끄럼 없기를…'

다들 부끄럼만 가득해서
'잎새에 이는 바람에도' 그렇게들 괴로워하는 거다.

어떻게든 좀 다시… 잘해보고 싶다.

군대 축구, 독일 축구,
그리고 한국 축구

•

한 달 동안 새벽마다 잠을 설쳤다. 월드컵 축구 때문이다. 솔직히 난 축구를 싫어한다. 30여 년 전 군대 축구에 질려서다. 고참은 공격만 하고 쫄따구는 수비만 하는, 군대 축구식 포메이션의 단순함 때문만은 아니다. 매번 보름달 빵과 베지밀을 얻으려고 목숨 걸고 공을 차야 하는 보상의 하찮음 때문만도 아니다.

당시 나는 아주 특별한 축구 선수였다. 우리 편이 지고 있을 때만 경기장에 들어가는 히든카드였다. 들어가자마자 나는 상대편 고참의 정강이를 걷어차 집단싸움을 유도했다. 지고 있는 내기 시합을 한 번에 파투(!)시키는 그 역할을 나보다 그럴듯하게 할 수 있는 사병은 없었다.

군 제대 이후로 한 번도 내 발로 직접 공을 차본 적이 없다. 내가 축구를 자발적으로 할 이유는 전혀 없었다. 그러나 지난 2014년 브라질 월드컵은 참 흥미로웠다. 특히 독일의 우승 장면이 정말 멋있었다. 경기 내용을 말하는 게 아니다.

우선, 독일 선수들이 우승 트로피를 받으러 본부석으로 올라섰을 때, 선수들을 일일이 껴안아주던 앙겔라 메르켈Angela Merkel, 1954~ 독일 총리가 내 눈길을 끌었다. 그녀는 구舊 동독 출신이다. 동독에서 정치와는 아무 관련 없는 연구원을 하다가 독일 통일 과정에서 시민운동에 참여했다. 통일 후, 보수당인 기민당 소속으로 정치권에 본격 입문했다.

사실 그녀는 소외감에 젖어 있는 동독 주민들을 위로하기 위한 '면피용 카드'였다고 해도 과언이 아니다. 그러나 그녀는 중앙 정치 무대에서 탁월한 리더십을 발휘하며 2005년 독일 총리가 됐다. 벌써 3선에 성공해 10여 년째 총리를 하며, 정파를 초월해 존경받고 있다. 우리의 통일을 가정해보자. 북한에서 나고 자란 50대 초반의 여성이 통일된 대한민국을 대표하는 대통령이 되어 10년 넘게 재임하는 것이 과연 가능할까?

더욱 흥미로웠던 것은 독일 선수들의 면면이었다. 흑인 선수도 눈에 띄고, 독일식 이름이 아닌 사람이 있어 찾아봤다. 독일 선수의 절반 가까이가 귀화인이거나 이민자 후손이었다. 터키에서 귀화한 외질, 폴란드계인 포돌스키와 클로제, 튀니지 출신의 케디라, 가나 출신의 보아텡 등이다. 이들 선수는 경기 시작 전 연주되는 독일 국가도 따라 부르지 않았다.

독일에서 10여 년 살았던 나로서는 참으로 이해하기 어려운 현상이었다. 외국인, 특히 폴란드인·터키인·흑인에 대한 독일인들의 편견이 얼마나 심한지 잘 알기 때문이다. 더구나 독일의 극성 축구팬들은 인종차별적 발언이나 행동도 서슴지 않는다. 그런데 독일 국가대표 선수의 절반이 불법 이주노동자가 가장 많은 나라 출신인 것이다.

편견을 딛고 자란 이주민의 자녀들이 동독 출신의 여자 총리를 껴안고 기뻐하는 독일의 우승 세리머니를 보며 나는 정말 감동했다. 근대 인류사에서 가장 추악한 나치즘의 망령亡靈을 축구라는 가장 보수적이고 집단주의적인 수단을 통해 극복하는 모습을 봤기 때문이다. 적어도 독일의 축구만큼은 집단주의적 왜곡에서 벗어나 의미 있는 문화 행위로 변하고 있었다. 그렇다면 그 새벽에 공항까지 뛰어나가 잔뜩 풀 죽어 있는 어린 선수들에게 "엿 먹어라" 하는 한국 축구는 도대체 어떻게 해석해야 하나?

어린 선수들은 논외로 하고, 홍명보 감독에 대해 한번 생각해보자. 아직은 때가 아니라며, 자신은 전혀 준비가 안 되었다고 그렇게 고사하던 홍 감독이었다. 그런 그에게 우리는 '당신만이 유일한 희망'이라며 그토록 간절하게 감독을 맡아달라고 부탁했다. 참 아쉽게도 그의 대표팀은 모든 경기를 정말 '거지같이' 했다. 그러나 그렇다고 해서 홍 감독에게 그렇게 엿팔매질(!)할 일은 결코 아니었다. 월드컵 준비 기간에 땅을 샀느니, 감독 사퇴 선언을 하면서 청바지를 입고 나타났느니 하며 비난을 퍼붓는 것은 참으로 지나치다. 홍 감독의 입장에서 한번 생각해보라. 정말 환장하지 않겠는가?

아무리 생각해도… '엿사탕'은 아니다! ┃ 2014 ┃ 910×728 ┃ 화지에 수간채, 석채

러시아 문화심리학자 비고츠키Lev Semenovich Vygotsky, 1896~1934는 문화란 '기호 혹은 상징으로 매개된 활동'이라고 정의한다. 자극에 대한 반응이 직접적이며 즉각적으로 일어나는 자연적 상태는 수만 년이 지나도 별 변화가 없다. 생존에는 도움이 될지언정 고차적 정신 과정으로의 발전은 불가능하다. 이에 반해 상징으로 매개된 활동은 공동체 구성원에게 삶의 의미를 부여한다. 의미를 공유할 때 인간은 행복을 느끼게 된다. 그래서 먹고사는 것과 아무 상관없는 문화가 필요한 거다.

문화, 즉 상징으로 매개된 활동은 사냥한 사슴의 숫자를 나무에 칼집으로 새겨넣어 상징을 만들어내고, 그것을 기억하는 인지 능력에서 시작된다. 상징으로 매개된 사유 행위를 통해 의미를 공유하는 소통이 가능해지고, 공동체의 가치가 유지된다는 것이 비고츠키가 주장하는 활동이론Tätigkeitstheorie의 핵심이다.

기분 나쁘고 맘에 안 든다고, 그 자리에서 바로 분노를 표출하는 방식으로 공동체는 절대 유지되지 않는다. 구성원 전체가 불행해지는 것은 정말 금방이다. 함께 사는 공동체가 진심으로 걱정된다면 분노의 언어들을 마구 내뱉지는 말아야 한다. 비판을 가장한 저주의 언어들을 아무 생각 없이 'RT(리트윗)' 하고, 마구 '좋아요'를 눌러대지는 말자는 거다. 페이스북이 몰래 연구를 진행하고 있는 것이 바로 이런 식의 대규모 '감정 전염emotional contagion'이다.

아무리 맘에 안 들어도, 함께 사는 공동체를 유지하고 싶다면 조금이라도 자신의 생각으로 걸러 이야기해야 한다. 그래야만 다 함께 살 수 있다. 공동체는 군대 축구처럼 그렇게 간단히 '파투'시켜서는 안 되는 거다. 지금 한국 사회에서 축구만 그런 것이 아닌 것 같아 그런다. 맘에 안 들면 바로 파투시켜버리는 80년대 '군대 축구의 에이스'였기에 진짜 걱정돼서 하는 말이다.

· ·

활동이론

활동이론은 1920년대 러시아의 심리학자 비고츠키의 문화심리학에서 출발한다. 마르크스의 유물론을 심리학에 적용하고자 했던 비고츠키는 '도구'의 개념을 인간 심리의 중요 차원으로 끌어들인다. 인간의 고등정신 과정은 항상 도구로 매개된다는 것이다. 동물과 구별되는 인간의 노동이 도끼와 망치 같은 도구의 사용에 있듯이, 여타 생물과 구별되는 인간의 고등정신 능력은 기호와 언어 같은 도구의 사용에 있다는 것이다.

훌륭하게 집을 짓는 벌과 개미라고 할지라도, 초보 목수를 뛰어넘지 못한다. 아무리 어설픈 목수라도 집을 짓기 전에 완성될 집의 형태를 미리 머릿속에 그릴 수 있기 때문이다. 바로 이런 능력을 '기호로 매개된 행위'라고 비고츠키는 설명한다. 인간의 모든 문화적 활동은 기호로 매개된 행위의 확장이다. 아동은 자라면서 언어와 같은 문화적 기호를 내면화한다. 이는 단순한 기호의 내면화가 아니다. 기호로 매개된 행위, 즉 문화적 '활동Tätigkeit'을 내면화하는 것이다.

비고츠키의 제자인 레온티에프Aleksei N. Leontiev, 1903~1979는 '활동' 개념을 보다 확장해 '활동Tätigkeit - 행위Handlung - 동작Operation'의 세 가지 차원으로 세분화한다. 예를 들어 사냥이라는 활동은 화살을 준비하고, 말을 타고 달리는 행위로 구성되며, 각각의 행위는 다시 그 하위 단위의 동작들로 구성된다.

사냥이라는 활동은 생명 유지와 종족 번식이라는 문화역사적 '동기'에 의해 설명되는 반면, 행위는 '목적' 혹은 '목표'로 규정된다. 행위를 구성하는 동작은 각각의 행위가 일어나는 조건에 따라 달라진다. 활동이론은 문화와 심리적 과정의 상호 관련성을 이 같은 개념 체계로 설명한다. 심리학의 대상을 '개인의 내면'으로만 국한해 설명하려는 미국식 미시심리학과는 질적으로 다른 접근 방법이다.

비고츠키로부터 시작되어 레온티에프 등에 의해 확장된 활동이론은 오늘날 일부 유럽 학자들에 의해 지속적으로 논의되고 있다. 그러나 그 이론적 성과는 그리 크지 않다. 대세는 미국식 미시심리학이기 때문이다. 오히려 미국의 교육학자들에 의해 수용된 비고츠키의 상호작용적 발달이론이 피아제의 도식화된 인지 발달이론의 대안으로 각광받고 있다. 좌우간 미국학자들은 아무리 어려운 이론도 아주 쉽게 실용화한다.

감정 전염

상대방의 표정이나 표현 등을 자동적이고 무의식적으로 모방하면서 감정적 동화가 일어나는 현상이다. 흥미로운 것은 부정적 감정의 전염이 긍정적 감정의 전염보다 훨씬 더 빠르고 전염성이 높다는 사실이다. 긍정적 정보로 야기되는 기쁨이나 즐거움 같은 감정보다 부정적 정보로 야기되는 슬픔, 분노와 같은 감정에 사람들은 더 빨리, 더 적극적으로 반응한다. 부정적 정보가 생존에 훨씬 더 중요하기 때문이다.

원시 시대부터 부정적 정보는 생존에 결정적 영향을 미쳤다. 예를 들어 '저쪽에 호랑이가 나타났다'라는 부정적 정보와 '이쪽에 바나나가 있다'라는 긍정적 정보가 동시에 들어왔다고 할 때, 사람들은 어느 정보에 더 빨리 반응할까? 당연히 호랑이 정보에 더 빨리, 더 적극적으로 대응한다. 살아야 하기 때문이다. 바나나는 나중에 먹어도 된다. 그러나 호랑이에 잡아먹히면 모든 게 끝난다.

호랑이가 느닷없이 튀어나오는 원시 시대는 아니지만, 인간은 여전히 본능적으로 부정적 정보에 더 빨리 반응한다. 그래서 세상의 모든 뉴스가 죄다 그렇게 부정적인 거다. 좋은 뉴스에는 사람들이 그리 큰 관심을 보이지 않는다. 그러나 나쁜 뉴스, 불길한 뉴스, 슬픈 뉴스에 대한 반응은 즉각적이다. 뉴스가 상품이 되어버린 오늘날, 이렇게 뼁튀기해서 먹고사는 사람들이 너무 많다. 각종 SNS를 통해 전달되는 뉴스도 죄다 분노, 불안을 부추기는 부정적 정보들뿐이다. 슬픈 소식에 '좋아요'를 눌러대는 아주 희한한 상황까지 벌어진다.

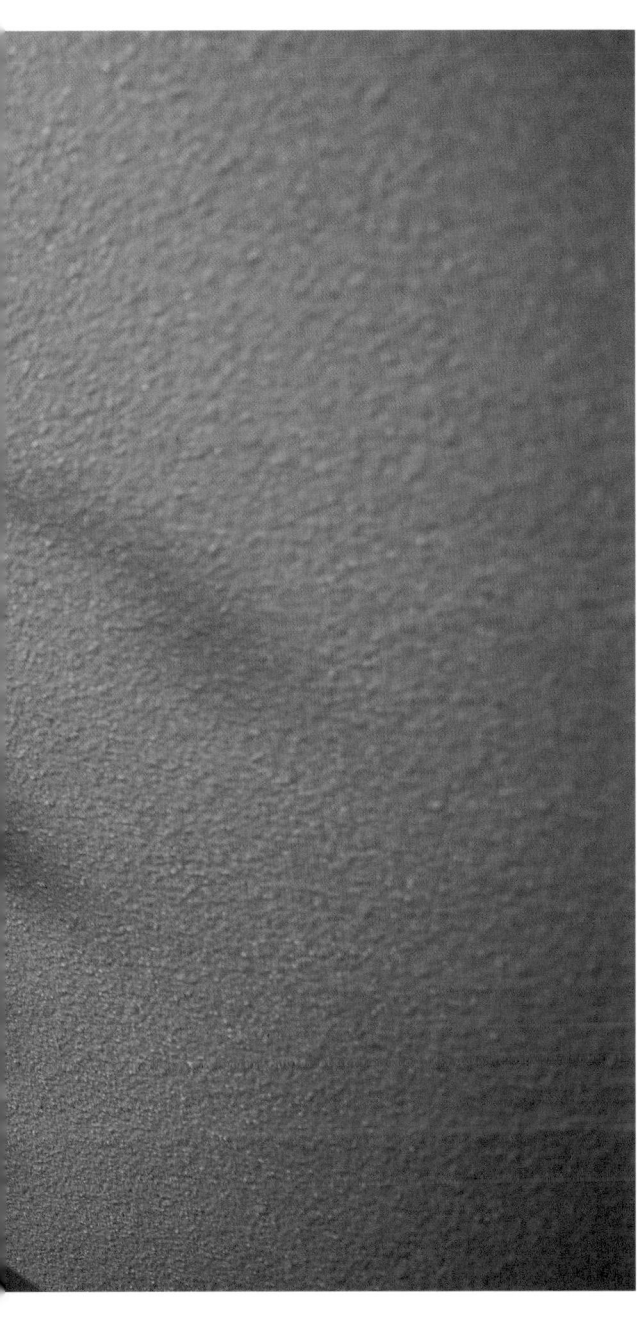

홀로
꽂혀 있는,
내 숙소 문 앞의
우산 그림자가
길고
슬프다.

빨리

하시나요?

•

대중목욕탕에서 와이셔츠에 넥타이까지 다 맨 후에야 팬티를 입는 내 후배 허태균 교수는 매사에 자신만만하다. 자신의 심리학적 견해를 주장하는 데도 거침이 없다. 정신병리학적 질환은 대부분 문화사회적 산물이라고 그는 주장한다. 불과 100여 년 전만 하더라도 '흑인 노예에게는 자유를 얻고자 도망치려는 정신적 질환Drapetomania이 있다'는 주장까지 있었다는 것이다. 생각해보니 정말 그렇다.

노출증exhibitionism의 경우를 살펴보자. 노출증 환자는 대부분 남자다. 실제로 노출증 사례로 보고된 미국의 자료를 살펴보면 노출증은 주로 18~50세의 백인 남성에게서 나타난다. 한국에서도 마찬가지다. '바바리맨'만 있다. '바바리우먼'은 없다.

노출증은 왜 주로 남자에게 나타나는 것일까? 여자의 노출에는 관대한 남성 중심의 문화이기 때문이다. 물론 남자나 여자나 성기 노출은 현대 사회에서 허용될 수 없는 정신질환이다. 그러나 극단의 성기 노출을 제외하고 한번 생각해보자.

과감한 신체 노출은 여자들만 할 수 있다. 여자는 성기를 제외한 대부분의 신체를 드러내는 것이 허용된다. 오히려 은근히 장려하는 문화다. 그러나 남자는 다르다. 만약 과감한 의상의 여자 수준으로 보통 남자가 신체 노출을 한다면 아주 심각한 노출증 환자로 진단받을 확률이 매우 높다. 이는 정신질환 여부를 결정하는 심리학자나 정신과 의사 대부분이 남자이기 때문이라고 나는 생각한다. 세상 모든 남자에게 여자의 노출은 과감할수록 고맙고 감사하지만, 같은 남자들의 노출은 몹시 불편한 까닭이다. 나도 목욕탕에서는 허 교수가 아주 많이 불편하다.

실제로 정신질환의 적지 않은 경우가 문화사회적으로 결정된다. 오늘날 그 결정의 기준은 대부분 미국정신의학회에서 공식적으로 사용하는 정신장애 진단 분류 체계DSM, Diagnostic and Statistical Manual of Mental Disorders에 있다. 가장 최근 버전은 2013년에 다섯 번째로 개정된 DSM-5다. 1952년에 DSM-1이 나온 이후로 60년 동안 다섯 번째 개정판이 나왔으니 거의 10년마다 정신질환의 기준이 새롭게 규정되었다는 이야기다.

흔히 노이로제라고 부르는 신경쇠약Neurasthenia도 마찬가지다. 이 또한 어느 날 갑자기 정신질환으로 결정됐다. 신경쇠약을 정신병리현상으로 처음 지목한 이는 미국의 의사 비어드George Miller Beard, 1839~1883였다. 그는 1881년 『미국의 신경증American Nervousness』이란 책에서 피곤·불안·두통·신경통·우울 등의 증상을 동반하는 심리 상태를 신경쇠약이라고 지칭했다.

원인은 시계였다. 당시 시계가 너무 정확해져서 단 몇 분, 몇 초 차이로도 일생이 바뀔 수 있다는 생각이 일반화되기 시작했다. 긴장한 사람들은 시계를 자주 들여다봤다. 손목시계가 발명된 것도 신경쇠약의 한 원인이었다. 사람들은 손목시계를 힐끔 쳐다보기만 해도 가슴이 뛰고 진땀이 났다.

신경쇠약이 본격적인 정신질환으로 간주되기 시작한 것은 지금으로부터 꼭 한 세기 전 유럽에서였다. 20세기 초, 유럽 지식인 사회에 느닷없는 무기력증이 나타나기 시작한 것이다. 1913년 정신과 의사들은 이를 신경쇠약이라고 공식적인 진단을 내렸다. 신경쇠약은 유행병처럼 번졌다. 20세기 모더니즘 계열의 대표적 소설가인 로베르트 무질Robert Musil, 1880~1942, 사회학자 막스 베버Max Weber, 1864~1920, 당시 독일 황제 빌헬름 2세Wilhelm II, 1859~1941는 신경쇠약의 대표적 사례였다.

신경쇠약은 한마디로 전기·전신·기차의 발명으로 인해 생활의 속도가 도무지 감당할 수 없을 정도로 빨라지자 생긴 심리적 부적응 현상이다. 마음의 속도가 생활의 속도를 따라가지 못해 생긴 정신질환인 것이다. 그러나 두 번에 걸친 세계 대전이 끝난 후 사람들은 빨라진 생활 속도에

마음만 급했던 저녁, 괜히 했어… | 2014 | 718×718 | 화지에 수간채, 석채

적응하기 시작했다. 신경쇠약으로 진단받는 경우는 갈수록 줄어들었다. 현대사회에서 그 정도의 심리적 불안은 누구나 감내해야 하는 것으로 여겨졌기 때문이다.

100여 년이 지난 오늘날 인류는 또다시 속도 부적응 현상을 보이기 시작했다. 이번에는 번아웃Burnout이라는 새로운 이름이다. '탈진증후군'으로 번역되기도 하는 번아웃은 주로 정력적으로 '일 잘하는 사람'에게서 나타난다. 일에 지나치게 몰두하다가 갑자기 다 타버린 성냥처럼 정신적으로나 육체적으로 주저앉아 버리는 경우다. 오늘날 스마트폰과 인터넷으로 매개되는 생활 속도는 100년 전 전신과 기차로 매개되었던 생활 속도와는 비교할 수 없이 빨라졌다. 일 잘하는 사람은 그 속도를 죽어라 하고 따라가다가 스스로 무너지고 마는 것이다.

IT 선진국을 자부하는 한국 사회다. 모든 게 무지하게 빠르다. 서구 사회의 수백 년에 걸친 근대화 과정을 불과 수십 년 만에 압축해 이룬 대한민국이다. 자부심을 가져도 된다. 먼 훗날, 20세기 한국 사회의 이 놀라운 압축성장은 800년 전 칭기즈칸의 몽골제국만큼이나 위대하게 기록될 것이다. 그러나 얻는 게 있으면 반드시 잃는 게 있다. 놀라운 속도로 이뤄낸 한국 사회의 발전은 어떤 형태로든 부작용을 낳게 되어 있다.

집단적 신경쇠약이다. 한 개인이 얌전하게(?) 주저앉는 방식으로 나타나는 서구의 번아웃에 비해 한국의 집단적 신경쇠약은 매우 공격적이다. 감당할 수 없는 변화의 속도로 인해 생긴 한국식 부적응은 집단적 분노와 자기파괴적 적개심을 동반한다. 내면의 불안을 외부로 바로 쏟아낸다. 시도 때도 없다. 그리고 인터넷과 SNS를 통해 순식간에 번진다. 다들 '누구든 한번 걸리기만 해라'라고 벼르고 있다.

황폐화된 마음의 이런 집단적 신경쇠약을 제대로 다스리지 못한다면 한국 사회는 정말 빨리 망할 거다. 칭기즈칸의 몽골제국보다 더 빨리 망한다. 진짜다.

천천히 사는 것에 관해 아주 심각하게 고민해야 한다. '저녁이 있는 삶' '주말이 있는 삶'이 대안이다.

• •

정신장애 진단 분류 체계

—

1952년 미국의 정신의학회는 『정신질환의 진단 및 통계 편람DSM』을 발간했다. 그 이전에는 정신과의사 개인의 주관적 판단에 근거해 정신질환을 진단했다. 그러나 이러한 의사의 주관적 진단은 여러 가지 부작용을 낳았다. 이 같은 문제점을 보완하기 위해 체계적이고 객관적인 매뉴얼을 만든 것이다. 그러나 DSM 1판과 2판은 여전히 애매하다는 비판이 있었다.

보다 체계적이고 과학적으로 265개의 질환을 정리한 DSM-3가 1980년에 발표되었다. DSM-3는 전 세계적인 기준이 되었고, 한국도 이때부터 정신질환에 대한

1차적 진단 기준으로 DSM을 사용하기 시작한다. 2013년에 발표된 DSM-5에서는 10개의 인격장애를 수록하고, 강박장애와 트라우마 등 새로운 카테고리를 만들었다. 요즘 연예인들이 괴롭다며 이야기하는 공황장애는 DSM-3에 처음 수록되었고, 1994년에 나온 DSM-4에서 정확한 증상의 분류가 이뤄졌다. 그리 오래된 정신장애가 아니라는 이야기다.

DSM-4에는 'hwa-byung'이라는 새로운 정신질환도 포함되었다. 한국의 '화병'을 한글 발음 그대로 표기한 것이다. 분노의 억압으로 인해 발생하는 증후군으로 설명되고, 영어로는 분노증후군anger syndrome으로 번역된다. 이렇듯 정신장애는 문화와 시대에 따라 달리 규정된다.

번아웃 증후군
—

열심히 일하던 사람이 신체적·정신적 피로감이 쌓여 갑자기 의욕을 잃고 무기력해지는 증상을 뜻한다. 번아웃, 즉 '불타서 없어진다, 에너지를 소진하다'라는 뜻 그대로 한순간에 연소된다는 의미다. 소진증후군, 탈진증후군, 연소증후군이라고 번역되기도 한다. 과도한 스트레스의 극단적 형태로, 일에 대한 의욕을 상실하고 만성 피로감에 시달리며 건망증이 나타나거나 우울증에 빠지기도 한다.

번아웃 증후군은 DSM-5에는 포함되어 있지 않다. 그러나 국제질병분류ICD, International Classification of Diseases 10판에는 포함되어 있는 증후군이다. 1974년 미국의 정신분석의사 허버트 프뤼덴버그Herbert Freudenberger, 1926~1999가 그레이엄 그린Graham Greene, 1904~1991의 소설에 나온 개념을 차용해 실제 환자를 진단하는 데 처음 사용했다. 2005년에 출판된 내 책『노는 만큼 성공한다』에 번아웃 증후군에 대한 자세한 설명과 자가진단 체계가 소개되어 있다. 당시만 해도 번아웃이라는 개념이 한국 사회에 아주 낯설 때였다.

'굵고 짧게'라는 구호에 익숙한 한국 사회는 번아웃에 아주 쉽게 노출되는 문화다. 특히 중년 남자가 그렇다. '가늘고 길게'는 뭔가 사내답지 못하고 비겁한 느낌을 준다. 대한민국 중년 남자의 돌연사가 세계 최고 수준인 것이 우연이 아니다. 한국인의 연평균 근무 시간은 OECD 2위로, 직장인의 약 85퍼센트가 번아웃 증후군에 시달리고 있다는 조사 결과도 있다.

·

혼자 있으면
강박증이 자꾸 심해진다.

가족과 함께 있으면 좋다.

"여보! 부엌 가스 다 잘 잠갔지?"
"아들! 전깃불 다 껐지?"

문 앞에 서서 묻기만 하면 된다.

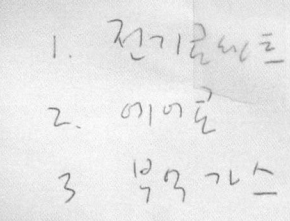

왜 그래,

아빠같이!

●

지난 추석 연휴 기간 참으로 오랜만에 네 식구가 함께 뒹굴며 한 주 가까이 보냈다. 큰놈이 군대 갔다 오고 내가 일본으로 유학 간 후 처음으로 다 같이 모여 추석을 보냈다. 꼭 3년 만이다. 이제 아들 녀석들의 키가 나보다 훨씬 더 크다. 두 녀석 모두 생긴 것이 아비를 똑 닮아 그렇게 훤할 수가 없다. 참 흐뭇하고 즐거웠다. 흠, 처음에는 그랬다.

함께 지내는 시간이 길어질수록 아들놈들 하는 짓이 도무지 맘에 안 들었다. 내 스마트폰과 태블릿 PC를 제멋대로 쓰고는 아무 데나 내팽개치는데 아주 환장할 지경이었다. 아, 그놈의 휴대폰 충전기는 또 어떻고. 매번 쓰고는 도대체 어디 처박아두는지 도무지 찾을 수가 없다. 참다 참다 나름 조심스럽게 한마디 하면 이내 집안 분위기가 싸늘해진다.

아이들은 아주 조용히 밥을 먹었다. 내가 안방에 혼자 들어가 TV를 켜면 그때서야 식탁 쪽이 시끄러워졌다. 자기들끼리 키득대며 하는 소리를 가만히 들어보니 자꾸 "왜 그래, 아빠같이!" 그런다. 아내까지 가세해 아주 신났다. 여기서 아빠란 '아주 사소한 것에 삐치고, 한번 삐치면 회복하는 데 아주 오래 걸릴 뿐만 아니라 뒤끝도 한없이 긴, 배 나오고, 머리가 듬성듬성한, 오십 넘은 쓸쓸한 인간'을 뜻하는 일반명사다. 추석 내내 마음이 참 많이 허虛했다.

내 군대 일주일 쫄따구 선규는 나와 정반대다. 항상 사람 좋게 웃기만 한다. 도무지 싫다는 법이 없다. 충청도 예산 촌놈이라 "네, 이~병 김. 선. 규!" 하는 대답이 너무 느려 신찬수 일병하고 조영남 상병에게 정말 숱하게 당했다. 말주변이 그렇게 없는데도 엄청 큰 은행의 홍보부장을 5년 넘게 하고, 영어 발음이 진짜 후진데 외국인 투자 담당을 몇 년째 맡고 있다. 얼마 전 본부장으로 진급했다. 참 희한한 은행이다.

무지하게 똑똑한 선규 아내는 그 착하고 느려터진 남편이 미워 죽겠다고 매번 불만이다. 아무리 화를 내도 그저 '허허' 그런단다. 도대체 무슨 생각을 하고 있는지 전혀 알 수 없으니 속만 터진단다. 아주 자주 삐치는 나와 항상 허허거리는 선규 중 누가 더 좋은 남편일까? '도긴개긴'이다.

독일 게슈탈트 심리학 이론에 '폐쇄성의 법칙law of closure'이라는 것이 있다. '완결성의 법칙'이라고도 불린다. 불완전한 정보를 완전한 형태로 해석하려는 심리적 경향을 인간은 날 때부터 가지고 태어난다. 예를 들어선線의 중간중간이 떨어져 있는 점선으로 이뤄진 원을 빈틈이 전혀 없는 선으로 이뤄진 원으로 기억하는 경우다.

자신이 가지고 있는 정보가 불완전하면 밤새 잠 못 이루고 고민하게 된다. 정보의 빈틈을 메우려는 시도 때문이다. '도대체 왜 그 사람이 그런 말을 했지?' 하는 질문에 어떻게든 답을 찾아야만 잠을 이룰 수 있다. 아무리 사소한 일이라도 설명이 안 되면 잠이 안 온다. 밤새 잠 못 이루고 고민하던 문제가 아침이 되면 아무것도 아닌 일처럼 느껴지는 것도 바로 그 때문이다.

선규의 행동이 주는 정보의 빈틈은 너무나 크다. 선규 아내가 나름 해석해서 메우려 해도 도무지 메워지지 않는다. 반면 내 행동이 주는 정보의 빈틈은 거의 없다. 아무리 기분 나쁘고 불쾌해도 원인과 결과가 아주 분명하다. 그러나 내 스타일의 문제는 함께 있는 사람이 금방 지루해하며 귀찮아한다는 데 있다. 해석의 여지가 너무 큰 선규의 경우는 옆 사람이 답답해하며 짜증내기 쉽다. 정보의 빈틈은 아주 적당해야 한다.

폐쇄성의 법칙이라는 게슈탈트 원리를 아주 잘 이용한 이들이 있다. 인상파 화가들이다. 인상파 그림이 대단한 이유는 그림과 대상 사이의 빈틈이 아주 적당하기 때문이다. 인상파 이전의 회화에서는 화가가 어떤 대상을 무슨 의도로 그렸는지 아주 분명했다. 당시 화가의 목표는 가능한 한 대상을 똑같이 재현하는 것이었다.

노란 빤쓰와 미국식 욕설 사이 ｜ 2014 ｜ 533×380 ｜ 수채화 종이에 구아슈

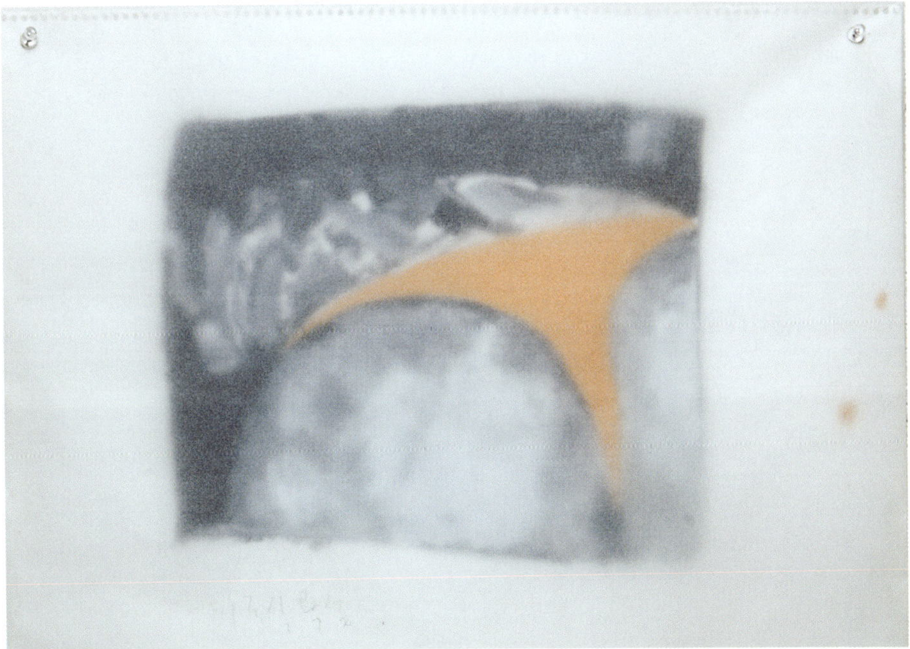

정보의 빈틈이 거의 없다는 이야기다. 관람객이 그림을 보며 이러저러한 생각에 잠겨 해석할 여지가 전혀 없다. 하나도 재미없다. 유럽의 미술관 벽에 가득히 걸려 있는 르네상스 시대의 그림 앞에 머무는 이들이 별로 없는 이유도 바로 이 때문이다. 반면 인상파 화가들은 대상의 재현에서 벗어나 관람객들의 적극적 해석을 가능케 했다. 관람객과의 '상호작용' 이 가능해진 것이다.

서양의 근대는 프랑스 혁명에서 시작된 것이 아니다. 인상파 그림에서 시작됐다. 진정한 의미의 문화적 상호작용이 인상파 그림으로부터 가능 해졌기 때문이다. 인상파 이후 인류의 인식 능력은 엄청난 규모로 확장 된다. 그러나 현대미술은 너무 나갔다. 피카소까지만 해도 회화에 담긴 정보의 빈틈이 견딜 만했다. 그러나 현대미술로 넘어오면서 관람객이 스 스로 처리해야 할 정보의 양이 너무 커졌다. 도무지 감당 안 되는 수준이 되어버렸다. (앞의 그림을 '노란 빤쓰'라고 제목을 붙이면 르네상스 그림이 되고, '미국식 욕설'이라 하면 현대미술이 된다.)

상호작용이 가능해야 오래간다. 한동안 꽤 인기를 끌었던 미국식 자기계 발서가 요즘 시들한 이유도 마찬가지다. 독자와의 상호작용이 불가능하 기 때문이다. 성공하려면 수십 가지 습관을 가져야 한다며 계몽하는 방 식으로 독자의 시선을 계속 붙잡을 수는 없는 일이다. 계몽과 상호작용 은 개념적으로 아주 멀리 떨어져 있다.

20세기 후반 포스트모던 논쟁 이후 문학이 푹 사그라진 것도 독자들과의 상호작용을 담보할 장치들을 스스로 포기했기 때문이다. 상호작용이 불가능한 모든 형태의 행위는 지루하거나 짜증 난다. 요즘 한국 정치가 바로 그렇다. 그러나 그런 식의 정치 행위가 가능한 세상은 여기까지다. 나나 내 친구 선규처럼 상호작용이 불가능한 한국 남자들이 버틸 수 있는 세상도 딱 여기까지다. 아내는 그렇다 쳐도 자녀로부터 외면당하기 전에 정말 잘해야 한다.

· ·

폐쇄성의 법칙
—

불완전하게 끊어진 부분들이 하나의 완전한 형태로 지각되는 심리학적 원리다. 예를 들어 불연속한 선으로 이루어진 것을 기존에 우리가 알고 있는 원, 사각형, 삼각형 등의 모습으로 인식하는 현상이다. '전체Gestalt는 부분의 단순한 합이 아니다'라는 게슈탈트 법칙Gestalt laws의 하나로, 사람은 자신의 경험을 규칙적이고 체계적인 방식으로 받아들이려는 경향이 있음을 가리킨다. 기존의 경험과 지식을 바탕으로, 미완의 형태를 완성된 형태로 인지한다는 것이다.

폐쇄성의 법칙은 단순히 시각적 경험에만 해당되는 것이 아니다. 인간이 모든 상호작용에 해당된다. 상호작용에는 언제나 해석의 여지가 있어야 한다. 모든 정보가 정확하고 완벽한 상호작용은 재미없다. 상대방의 역할이 없기 때문이다.

젊은이들이 '쓴대'라고 할 때는 해석의 여지가 없다는 뜻이다. 전하는 정보의 내용은 명확하다. 그러나 일방적이다. 상호작용이 불가능하다. '꼰대질'을 점잖은 표현으로는 '계몽'이라고 한다. 한때 멘토 열풍이 불었다. 다들 멘토를 자처하며 젊은이들을 계몽하려고 했다. 그러나 젊은이들은 꼰대를 기대한 것이 아니었다. 바로 고개를 돌렸다.

'교육'이라는 단어 자체가 바뀌어야 하는 세상이다. 일부에서는 교육education이 라는 단어 대신 '교섭negotiation'이라는 단어를 써야 한다는 주장도 나온다. 그래 야 진정한 의미의 상호작용이 가능하다는 거다. 아무튼, 일방적 계몽 시대는 이제 명이 다했다는 뜻이다.

인상파와 여가

—

인상파의 그림을 자세히 살펴보면 흥미로운 점이 드러난다. 다들 여가를 즐기는 모습이다. 피크닉이나 보트 놀이, 일광욕, 승마, 레스토랑, 극장 등을 배경으로 여 유롭고 활기찬 사람들의 모습이 대부분이다. 여행도 인상파 그림의 중요한 주제 였다. 여행지에서의 풍경화뿐만이 아니다. 기차역도 그림의 단골 소재였다. 파리 의 생라자르 역은 모네, 마네를 비롯한 인상파 화가들의 그림에 자주 등장한다.

누구나 동일하게 경험하는 세상을 화폭에 똑같이 재현하려던 이전 시대의 그림 에 비해 인상파는 화가 자신의 순간적 내면의 경험을 화폭에 담으려고 했다. 이 같은 '재현representation'에서 '표현expression'을 가능케 한 사회적 조건이 있었다. 정해진 시간에 노동하고 나머지 시간은 쉬어야 하는 산업사회의 출현이 바로 그 것이다. 여가 시간이 없었다면 인상파는 가능하지 않았다. 자신의 내면에 집중할 수 있어야 '표현'이 가능하기 때문이다.

산업자본주의가 자리 잡기 전까지 노동 시간은 정해지지 않았다. 해 뜨면 일하고, 해 지면 일이 끝났다. 혹은 급여를 지불하는 공장주가 '스톱' 할 때까지 일했다. 그러나 노동자의 권리를 주장하는 목소리가 높아지자 노동 시간을 법적으로 정하게 된다. 대량 생산과 대량 소비를 위해 노동이 일정 시간 집중되어야 하는 필요성도 있었다. 노동 시간이 정해지듯이 여가 시간도 제도적으로 자리 잡게 된다. '남는 시간'을 뜻하는 여가餘暇는 사실 잘못된 표현이다. 여가는 남는 시간이 아니다. 재생산을 위해 꼭 필요한 시간이기도 하고, 주체적 삶을 만끽하는 자유의 시간이기도 하다. 독일어로 여가는 '프라이차이트Freizeit'다. '자유 시간'이라는 뜻이다. 한국 사회가 진정한 선진국이 되려면 여가 시간이 제대로 자리 잡아야 한다. 재충전의 시간을 뛰어넘어 문화적 상상력이 자유롭게 발휘되는 창조의 시간이 되어야 한다. 폭탄주나 마시러 미친 듯 몰려다니는 '아빠들 같은' 한풀이식 여가 생활은 이제 그만 사라져야 한다.

•

매번 열어놓은 찬장 문 모서리에
머리를 들이받는다.

억울하다. 분하다.

찬장을 열 때부터 내 그럴 줄 알았다.

PART 4

의미는
어떻게
만들어지는가

인간은 미숙아로
태어나기에 위대하다

●

살면서 가장 억울한 일은 시선을 의심받았을 때다. 아무 생각 없이 넋 놓고 시선을 돌리다가 어느 처자와 눈이 마주쳤는데, 마치 자기가 예뻐서 쳐다보는 줄 알고 반응하면 세상에 그렇게 억울할 수가 없다. 예쁜 여자들은 타인의 시선을 의식하는 특유의 교만한 태도가 있다. 그러나 하나도 안 예쁜데, 자기가 예쁜 줄 알고 교만한 표정을 지으면 아주 환장한다. 막 쫓아가서 당신은 정말 해당 사항 없다고 하고 싶지만, 그런 말 하는 것 자체가 황당하고 우스울 때 너무 억울한 거다. 어떤 이가 방귀를 뀌고 내린 엘리베이터를 막 탔는데, 나를 따라 타는 사람이 코를 막으며 의심하는 눈초리로 나를 바라볼 때보다 더 억울하다.

시선이 곧 마음이기 때문이다. 인간만이 시선을 통해 의사소통한다. 그래서 '시선을 느낀다'고 하는 거다. 서로 '마주 보기eye-contact'와 어떤 대상을 '함께 보기joint-attention'는 인간만의 위대한 능력이다. 특히 함께 보기에 관한 연구 결과는 지난 수십 년의 심리학 연구 성과 중 가장 위대한 것이라고 나는 생각한다.

인지발달심리학자들의 주장에 따르면 사람은 타인의 마음에 관한 이론을 세운다고 한다. 즉, 마음이론theory of mind을 먼저 세우고, 그 이론을 검증하는 것이 타인의 마음을 이해하는 과정이라는 것이다. 이 고등 인지 능력 추적 과정에서 발달심리학자들은 함께 보기가 얼마나 위대한 능력인가를 밝혀냈다.

함께 보기란 말 그대로 어떤 대상을 함께 보는 것이다. 어떤 대상에 관해 이야기하고자 할 때 먼저 그 대상을 함께 봐야 한다. 시선을 먼저 공유해야 의사소통이 가능해지는 까닭이다. 침팬지를 비롯한 유인원이 인간을 뛰어넘는 놀라운 인지 능력을 보여줄 때도 있지만 여전히 동물인 까닭은 바로 이 함께 보기가 불가능하기 때문이다. 인간만이 타인과 시선을 공유할 수 있다. 아, 수만 년간 인간과 함께 살아온 개도 가능하다. 그래서 개를 잡아먹으면 절대 안 되는 거다.

언어를 통한 의사소통이 가능하려면 해당 단어의 의미를 공유해야 한다. 의미 공유의 주체가 생략된 객관적 의미란 존재하지 않는다. 그래서 인문학에서는 언젠가부터 '객관성objectivity'이라는 단어를 기피한다. 아

시선이 마음이다 | 2014 | 410×320 | 화지에 수간채, 석채

인슈타인Albert Einstein, 1879~1955이나 하이젠베르크Werner Karl Heisenberg, 1901~1976 이후로 자연과학에서도 객관성이란 표현을 아주 촌스러워한다. 대신 '상호주관성'이라고 해야 폼이 난다. 상호주관성이란 주체들 간의 의미 공유를 철학적으로 개념화한 것이다. 그러나 도대체 이 위대한 의미 공유 능력은 어떻게 생겨난 것일까? 아기가 처음부터 의미 공유라는 이 엄청난 능력을 가지고 태어나는 것은 아니기 때문이다.

인간에게만 함께 보기가 가능하다. 생후 9개월 정도 되면 아기와 엄마는 서로 시선을 공유하려고 끊임없이 시도한다. '이게 뭐야?'라는 아기의 언어적·비언어적 신호와 엄마의 현란한 대답으로 아이의 일상은 꽉 채워진다. "이건 기차야!" "이건 의자야!"라는 엄마의 대답을 통해 아기는 단어의 의미를 익히며 타인과 의미를 공유하기 시작한다. 함께 보기가 없으면 의미 공유는 절대 불가능하다.

발달심리학적 관심은 여기서 멈추지 않는다. 그렇다면 함께 보기라는 이 위대한 능력은 왜 인간에게만 가능한 것인가? 그전 단계에서 마주 보기가 가능하기 때문이다. 인간은 서로 시선을 마주치며 정서 공유를 한다. 가장 신뢰 깊은 정서 공유의 소통 행위인 마주 보기는 인간에게만 가능하다. 동물은 시선이 마주치면 자신을 위협하는 것으로 받아들인다. 바로 으르렁거린다. 어쩌다 서로 눈이 마주치면 '뭘 봐?' 하는 표정이 돼버리는 한국 사내들도 인간적 의사소통의 기준에서 한참 뒤처져 있다.

상호주관성이라는 철학적 명제를 발달심리학적으로 좇아가보면 다음과 같이 정리할 수 있다. 의미 공유는 함께 보기라는 시선 공유가 있기에 가능하고, 시선 공유는 마주 보기라는 정서 공유가 있기 때문에 가능하다. 이 어려운 이야기를 이렇게 쉽게 요약할 수 있는 사람은 세상에 별로 없다. (아, 죄송하다. 상호주관성이라는 철학적 명제를 이렇게 명쾌하게 정리하고 있는 나 스스로가 대견해서 그렇다. 이렇게 쓰면 꼭 죽어라 달려드는 이들이 있다. 제발 그러지들 마시라.)

마주 보기는 왜 인간에게만 가능한가? 미숙아로 태어나기 때문이다. 세상의 모든 포유류는 어미의 배 속에서 '완숙完熟'되어 태어난다. 일단 태어나면 몇 시간 내에 자기 발로 바닥을 딛고 일어선다. 인간만 미숙아未熟兒로 태어난다. 제 몸 하나 가누는 것도 수개월이 걸린다. 그러나 이 답답하고 고통스러운 기간에 아기는 타인과 눈을 마주치고, 정서를 공유하는 능력을 배운다. 태어나면서부터 스스로 자기 몸을 가눌 수 있는 여타 포유류는 다른 존재와 눈을 마주칠 필요가 없다. 그러나 인간의 아기는 어쩔 수 없이 엄마와 눈을 마주쳐야 한다. 누워 꼼짝할 수 없는 상태에서 할 수 있는 것이라고는 오직 그것밖에 없기 때문이다.

인간이 위대한 까닭은 미숙아로 태어나기 때문이다. 그래서 어떤 측면에서든 미숙한 이들을 사랑하고 배려해야 한다. 미숙함이야말로 소통의 본질이기 때문이다. 심리학적으로 볼 때 측은지심과 의사소통은 동전의 양면이다.

좀 부족해 보이는 이들을 돌아보는 것은 정언적 윤리학의 문제가 아니다. 인간 존재론의 핵심이다. 미숙한 이들을 돌아보지 못하는 사회는 필연적으로 소통 불가능한 사회가 되고, 결국은 야만으로 전락하게 된다. 소통 부재의 원인을, 매번 아무도 책임지지 않는 사회구조적 문제로만 설명하며 흥분할 일은 절대 아니라는 거다.

· ·

함께 보기

매일 우리는 사람들과 소통한다. 그러나 가만히 생각해보면 참 신기한 일이다. '사랑한다'라고 말할 때, 내가 이해하는 사랑의 뜻과 상대방이 이해하는 사랑의 뜻이 같다고 누가 보장할 수 있을까? 아무도 보장 못한다. 그러나 우리는 서로 이해한다고 믿는다. 사랑의 의미를 공유하고 있기 때문이다. 그렇다면 '의미'의 공유는 어떻게, 언제부터 가능한 것일까? 태어나면서부터 의미 공유가 가능한 것은 아닐 것이다.

시작은 '피부의 공유'다. 아기가 태어나면 엄마와 터치를 통해 소통한다. 엄마와 한 몸이었던 아기가 엄마와 분리되었을 때 소통할 수 있는 유일한 수단은 피부의 공유다. 엄마가 아기를 만질 때, 그 만져진 피부는 엄마의 것도 아니고, 아기의 것도 아니다. 엄마와 아기, 둘 다의 것이다.

그다음 단계는 '정서의 공유'다. 아기가 성장하면서 눈 맞추기eye-contact를 시작하면 엄마는 끊임없이 아기와 정서를 공유하려고 시도한다. 여기에는 거울뉴런의 작용이 결정적이다.

그다음 단계가 '시선의 공유'다. 시선의 공유는 함께 보기joint-attention를 통해 가능하다. 인간은 본능적으로 남이 보는 것을 따라 보게 되어 있다. 정리하자면, 인간의 의사소통은 다음 네 단계를 통해 이뤄진다. 피부의 공유 - 정서의 공유 - 시선의 공유 - 의미의 공유.

마음이론

마음이론이란 타인의 관점과 감정을 상상하고 이해할 수 있는 인지 능력을 의미한다. 마음이론이 발달심리학의 핫이슈가 된 것은 '틀린 믿음 테스트false belief test' 때문이다.

아이 몰래 초콜릿 상자 안에 '연필'을 넣어두고는 아이에게 초콜릿 상자 안에 무엇이 들어 있느냐고 묻는다. 아이는 당연히 '초콜릿'이 들어 있다고 대답한다. 상자를 열어 그 안에 연필이 들어 있는 것을 보여준다. 상자의 뚜껑을 닫고 아이에게 다시 물어본다. "저기 밖에서 놀고 있는 아이에게 이 초콜릿 상자를 보여주면 뭐가 들어 있다고 대답할까?"

아이가 만약 자신이 보는 세상과 타인이 보는 세상이 다르다는 것을 알면, 초콜릿이라고 대답할 것이다. 그러나 자신이 보는 세상과 타인이 보는 세상이 다르다는 것을 모르면, 자신이 아는 대로 연필이라고 대답할 것이다. 네 살, 다섯 살이 지난 아이들은 초콜릿이라고 답한다. 타인의 관점에서 세상을 보며, 타인의 마음에 일어나는 상태에 관한 이론을 세울 수 있는 나이가 네 살, 다섯 살이라는 뜻이다.

문제는 나이가 들면 들수록, 높은 지위에 올라가면 갈수록 이 마음이론 능력이 사라진다는 사실이다. 그래서 '스스로 잘난 사람'일수록 부하직원들에게 항상 이런 소리를 한다. "왜 그렇게밖에 생각을 못하나?" "좀 다르게 생각할 수 없나?" 그러나 이런 이야기를 듣는 부하직원은 이렇게 중얼거릴 것이다. '내가 그렇게 생각할 수 있다면 왜 당신 밑에 있을까?'

즐거운 걸음은 이렇다.
둥둥 떠다닌다.

기차를 타면서부터
우리는 불행해졌다

•

나는 독일에서 13년을 살았다. 지금은 일본에서 공부하고 있다. 그러다
보니 일상에서 독일과 일본의 공통점에 관해 많은 생각을 하게 된다. 일
단 두 나라 사람들은 정확하다. 직접 겪어보면 믿기 어려울 정도로 성실
하다. 그들이 만든 물건은 믿을 수 있다는 거의 맹목적 신뢰가 전 세계 어
디에나 존재한다. 도대체 왜 그런 걸까?

두 나라 모두 '기차의 나라'이기 때문이다. 기차 때문에 독일 사람, 일본
사람이 그렇게 정확해지고 성실해졌다는 이야기다. 물론 순전히 내 생각
이다. 독일의 이체에ICE나 일본의 신칸센新幹線을 타보면 정말 세계 최고
수준이다. 또한 이들의 각종 열차는 나라의 구석구석을 커버한다. 자가용
이 없어도 전혀 불편하지 않다.

최초의 기차는 영국에서 만들어졌다. 그러나 영국의 기차가 산업혁명의 완성이었던 반면, 유럽 본토에서는 운송혁명이 먼저고 산업혁명이 뒤따라왔다. 독일의 역사학자 볼프강 시벨부시Wolfgang Schivelbusch, 1941~의 설명이다. 가장 뒤처져 산업혁명을 이룬 독일과 일본에서 기차는 선진국이 되기 위한 필수조건이었다. 그 조건의 구체적 내용은 시간이다. '기차 시간'.

기차 시간은 절대 어겨서 안 된다. 독일, 일본이 시계를 그렇게 잘 만드는 것도 바로 그 때문이다. (물론 스위스 시계가 더 유명하다. 그러나 스위스의 기차 시간은 독일과 같은 맥락에서 봐야 한다.) 독일·일본식 기차 시간을 매개로 한 근대적 성실과 정확함이 산업사회의 보편적 가치가 되면서 양상은 전혀 예상치 못한 방향으로 흘러간다.

기차 시간의 핵심 이데올로기는 통제다. 기차 시간은 정확히 지켜져야 하고 예측 가능해야 한다. 단 몇 초의 오차만으로도 엄청난 사고가 일어나기 때문이다. 그래서 아그네스 발차나 조수미가 매번 '기차는 8시에 떠난다'며 슬프게 노래하는 거다. (그런데 이 노래의 결정적 결함은 그 8시가 오전인지 오후인지 도무지 알 수 없다는 데 있다.)

통제와 예측의 '기차 시간 이데올로기'는 모든 기차역의 시간을 정확하게 맞춰야 하는 '표준시'의 문제로 옮겨간다. 그러나 표준은 언제나 힘 있는 자의 몫이다. 영국의 그리니치 표준시가 그렇고, 한국의 표준시가 도쿄 표준시를 따르게 된 것도 그렇다. 기차역은 이 표준시와 그 뒤에 숨겨진 권력을 예배하는 '카테드랄cathedrale(주교가 주관하는 대성당)'이다. 현대

기차는 음란하다 | 2013 | 150×102 | 수채화 종이에 유성펜, 색연필, 수채화 물감

인은 더 이상 신을 찬양하지 않는다. 기차역의 가장 높은 곳에 걸려 있는 시계를 경배한다.

기차 시간의 내면화는 독일, 일본식 근대 교육의 핵심이다. 초 단위까지 정확해야 하는 스위스 기차역 시계처럼 각 개인의 삶은 자율적으로, 정확하게 통제되어야 한다. 감시와 처벌의 푸코식 팬옵티콘panopticon이 내면화된 것이다. 그들은 이를 '교양Bildung'이라 불렀다.

이제 시간은 가장 가치 있는 것이 된다. 상품의 가치는 더 이상 사용가치가 아니라 시간이 투여된 양으로 계산되는 교환가치에 의해 결정되기 때문이다. 그래서 세상의 기차역은 죄다 백화점이나 아케이드로 연결되는 거다. 일본의 철도 회사들은 아예 내놓고 백화점을 직접 차린다.

시간이 내면화되자 인간 의식은 지금까지 없었던 아주 치명적 위협에 노출된다. 시간이 되어야만 먹고, 시간이 되어야만 잘 수 있게 된 것이다. 원래 인간은 졸리면 자고, 배고프면 먹는 존재였다. 그러나 이젠 전혀 졸리지 않아도 시간이 되면 자야 하고, 전혀 배고프지 않아도 시간이 되면 먹어야 한다. 비만이나 거식증 혹은 불면증은 이러한 내적 시간에 쫓겨 생기는 정신질환이다.

기차 시간 이데올로기의 더 큰 문제는 '직선의 강박'이다. 자연 상태에서 유클리드 기하학적 직선은 존재하지 않는다. 그러나 더 빨리 달리기 위해, 철도는 각 역을 연결하는 가장 짧은 직선상에 놓여야 했다. 막히면 뚫었고, 끊기면 이었다. 한국의 4대강 문제도 휘어 있는 것을 도무지 참지 못하는 이 직선 강박과 무관하지 않다.

직선으로 정신없이 달리는 기차 안에서 사람들은 넋 놓고 차창 밖을 내다본다. 전경과 배경이 구분되지 않는 파노라마적 풍경이다. 너무 빨리 지나가 도무지 초점을 맞출 수 없는 이 파노라마적 경험은 또 다른 심리학적 문제를 야기한다. 도대체 뭐가 중요하고, 뭐가 불필요한지 헷갈리게 된다는 거다.

기차 시간의 모순을 오늘날 우리에게 옮겨보면 상황은 아주 심각해진다. 세계에서 가장 '빠름, 빠름, 빠름'의 LTE, 기가gigabyte의 속도로 인해 야기될 집단심리학적 부작용은 기차 시간 따위로 인한 부작용과는 비교할 수 없기 때문이다. 더 큰 문제는, 막히면 들이받으려고 하는 '직선적 사고'다. 도무지 쉬어가거나 돌아갈 줄 모른다. 세계사에 유례없는 압축성장이 만들어낸 또 다른 변종 바이러스다. 이건 약도 없다.

이제 선택은 둘 중 하나다. 각오하든가, 아니면 느리게 성찰하든가.

아, 끝으로 하나 더. 정신분석학자 프로이트는 기차를 타면 음란해진다고 주장했다. 덜컹거리는 기차의 울림에 성적으로 흥분하게 된다는 거다. 프로이트의 동료 칼 아브라함Karl Abraham, 1877~1925은 아예 "기차를 타면 다음 날 몽정을 하게 된다"며 경고까지 했다. 기차는 한때 거대한 바이브레이터였다.

철도 여행

—

볼프강 시벨부시는 1978년에 출간한 『철도 여행의 역사』에서 근대 문명을 상징하는 철도가 인류의 시공간 의식을 어떻게 변화시켰는가에 주목한다. 철도 여행의 속도 경험은 시간과 공간의 불일치를 낳았다. 마차로 여행하던 시절만 해도, 인간의 시간 의식과 공간 감각의 괴리는 그리 크지 않았다. 그러나 기차 여행이 시작되면서부터 시간과 공간은 분리되기 시작한다. 그 짧은 시간에 이뤄지는 공간 이동은 인류가 지금까지 겪어보지 못한 충격적 경험이었다.

달리는 기차의 차창 밖 풍경은 걷거나 마차를 타고 갈 때 보았던 풍경과는 질적으로 전혀 다른 것이었다. 현실감이 전혀 없는, 끊임없이 이어지는 파노라마적 풍경을 경험하기 시작한 것이다. 파노라마적 풍경은 네모난 기차의 창을 통해 들어온다.

사각형의 필름 안에 들어가는 사진의 풍경처럼 기차의 창문으로 경험하는 풍경도 네모난 것이었다. 인상파 화가들은 자신들의 그림에서, 기차 창문으로 들어오는 풍경처럼 과감하게 주변을 생략했다. 이전의 그림은 화폭 안에 모든 것이 완성된 형태로 완벽하게 그려져야 했다.

일본의 디자이너 마쓰다 유키마사松田行正, 1948~는 『눈의 황홀』이라는 책에서 철도 여행의 경험이 추상화를 가능케 했다고 주장한다. 빠른 속도로 지나가는 차창 밖 풍경은 감각의 순간적 경험에 대한 통찰을 이끌어냈고, 기차를 통해 경험한 속도는 운동에 대한 관심을 이끌어냈다. 속도에 의해 왜곡된 형상은 정지 상태의 모습과는 큰 차이가 있었다. 이는 인간의 감각적 경험에 대한 의구심을 낳았다. 화가들은 자신들의 기억을 재구성해 화폭에 담기 시작했다. 이로부터 추상화가 시작되었다는 것이다.

팬옵티콘

—

영국의 공리주의 철학자 제러미 벤담Jeremy Bentham, 1748~1832이 창안한 둥근 형태의 감옥. 중앙에는 높은 감시탑이 있고, 그 둘레를 빙 돌아가며 감옥이 배치되는 구조의 건물이다. 감옥 안의 감시자가 자신의 모습은 드러내지 않은 채로 모든 수감자를 감시할 수 있는 형태의 감옥이다. 최소한의 비용으로 최대의 효과를 얻을 수 있는 이상적인 구조란 이야기다.

수감자들은 감시자가 항상 자신을 지켜보고 있다는 공포심에서 벗어나지 못한다. 이렇게 끊임없이 공포심에 시달리느니 아예 감시자의 시선을 내면화해서 규칙에 어긋나는 행동은 스스로 하지 않기로 결심한다. 프랑스 철학자 미셸 푸코Michel Foucault, 1926~1984는 자신의 책 『감시와 처벌』에서 현대사회는 팬옵티콘의 구조를 병원, 군대, 학교 등으로 확대해 사람들이 감시자의 시선을 내면화하도록 만든다고 주장한다. 규율의 습득은 권력에 대한 자발적 굴복을 뜻한다는 것이다.

시험 시간에 감독 선생은 항상 뒤에 있다. 학생들은 선생이 자신들의 일거수일투족을 감시하고 있다고 생각해 컨닝은 엄두도 내지 못한다. 그러나 시험지를 제출하며 돌아보면 감독관은 그저 멍하니 창밖만 내다보고 있을 뿐이다. 현대사회에서 권력이란 이토록 허망한 것이다.

교양

—

교양Bildung이란 18세기 후반 독일에서 시작된 개념이다. '만들다' '조직하다'를 뜻하는 독일어 'bilden'의 명사형인 'Bildung'은 일차적으로 '형성' '생성' '모습' 등을 의미한다. 이로부터 파생된 교양이라는 의미의 'Bildung'은 정신적·육체적으로 미성숙한 개인을 교육을 통해 성숙한 인간으로 '만들어내는 것'을 뜻한다.

교양과 문명, 그리고 발달은 같은 맥락에서 파생된 단어로 봐야 한다. 문명이란 각 발달 단계를 거치며 보다 보편적이고 고차원적으로 발전한다는 것이 근대 이념의 핵심이다. 각 개인은 교육을 통해 보편적 가치를 내면화함으로써 점차 문명인이 될 수 있다. 미개한 지역은 교화와 교육을 통해 문명화된다는 식민지주의도 이 교양의 개념에서 출발한다. 미개한 문화를 발전시키는 교양의 과정에서 폭력은 정당화된다. 일본이 우리나라를 식민지로 삼아 엄청난 수탈을 했어도 그리 큰 죄의식을 느끼지 않는 이유는 미개한 한반도를 근대화시켰다고 정당화하기 때문이다.

근대 학문의 적자嫡子인 심리학이 발전함에 따라 교양의 구체적 내용은 자아실현 혹은 자기정체성 확립의 의미로 확대된다. 그러나 프로이트의 정신분석학에서 교양은 욕망의 억압과 통제를 의미한다. 교양은 어쩔 수 없이 내적 갈등을 야기하며 다양한 방식의 심리적 왜곡을 낳는다. 교양의 출발은 '폭력'이었기 때문이다.

•

나무늘보처럼
아주 천천히 커피를 끓이던
학교 앞 카페 주인 할아버지는
내가 문을 나설 때마다 낮고 느리게 물었다.

"와ゎ . 스す . 레れ . 모も . 노の"

잊어버린 물건이 없느냐는 거다.
물론 잊어버린 것은 없었다.

어느 가을날,
청춘 커플을 돌아보며 깨달았다.

난 분명
뭔가
잃어버린 것이 있었다.

밤에 거울 보고
가위바위보를 했다

•

밤에 거울 보고 가위바위보를 했다. 내가 졌다! 이거 무지하게 무서운 이야
기다. 가만히 생각해보면 소름이 확 돈다. 이 얘기를 들은 후로 나는 가
끔 밤에 화장실에서 거울 보고 가위바위보를 한다. 아주 묘하게 스릴 있다.

가까운 후배 성준이는 내 이야기를 듣더니 자기 군대 시절 이야기를 한
다. 자대에 전입신고를 하니, 고참들이 거울을 마주 보고 이길 때까지 가
위바위보를 시켰다는 거다. 그래서 아직도 '거울 보고 가위바위보'는 아
주 섬뜩하다고 한다.

도대체 왜 거울 보고 하는 가위바위보가 이토록 두려운 걸까? 이유는 간
단하다. 거울 속의 나는 반드시 실제의 나와 똑같아야 한다는 믿음 때문

이다. 그러나 거울 속의 나는 절대 내 모습이 아니다. 일단 거울 속의 나는 3차원의 내가 2차원으로 축소된 결과다. 입체를 평면으로 압축하면 어떻게든 왜곡이 일어나게 되어 있다. 인간의 눈도 마찬가지다. 3차원의 세계가 눈의 망막이라는 2차원의 화면에 반영되기 때문에 온갖 착시현상이 일어난다. 거울 속의 나를 진짜 나라고 생각하는 것은 물에 비친 자신의 모습을 사랑하는 나르시스만큼이나 황당한 일이다.

거울이 가지는 또 하나의 문제는 좌우가 바뀐다는 사실이다. 지금은 많이 시들해졌지만 여전히 유효한 '뇌의 좌우 분리설'에 따르자면, 정서 표현을 조절하는 뇌의 우반구는 왼쪽 얼굴 표정에 더 깊이 관여한다. 왼쪽 얼굴의 정서 표현이 더 풍부하다는 뜻이다. 그래서 옛날 초상화들을 잘 들여다보면 주인공의 왼쪽 얼굴을 그린 경우가 대부분이다. 요즘 젊은이들 셀카의 얼짱 각도도 대부분 자신의 왼쪽 얼굴을 향한다. 그러나 정작 자신의 얼굴을 바라보는 맞은편 사람은 자신의 오른쪽 얼굴부터 본다. 상대방의 얼굴을 왼쪽에서 오른쪽 방향으로 스캔한다는 거다. (헷갈리니 잘 생각해보시기를.)

시선이 오른쪽으로 움직이는 이유에 관해선 가설이 분분하나 오른손잡이가 많기 때문이라는 주장이 가장 설득력 있다. 책이 오른쪽 방향으로 쓰여 있는 것도 마찬가지다. 그러나 각 문화권마다 다르다고도 하고, 이 또한 뇌의 좌우 분리로 인한 것이라고 설명하기도 한다. 아무튼 '내가 아는 나'와 '남이 아는 나'의 모순 관계는 아주 기초적인 얼굴 표정을 읽어내는 단계부터 엇갈려 있다는 것이다. 인류 비극은 바로 여기서부터 시작된다.

자화상-의심과 질투 | 2013 | 910×727 | 화지에 수간채, 석채

'내가 나를 모르는데, 넌들 나를 알겠느냐?' 하는 것도 바로 이 때문이다. 인식의 주체가 어떻게 동시에 인식의 객체가 될 수 있는가에 대한 인식론적 문제 제기다. 자아를 모나드monad(단자 單子)적 완결체로만 규정하면 도무지 풀 수 없는 모순이다. 이 심각한 패러독스를 미국의 사회심리학자 조지 허버트 미드는 '자아(I)'와 '사회적 자아(Me)'의 관계로 풀어낸다. 자아가 하나가 아니라 둘이라는 의미다. 자신을 바라보는 사회적 시선들이 내면화된 사회적 자아(Me)와 행위 주체로서의 자아(I)의 상호작용이 바로 '나'의 실체라는 주장이다.

독일 게슈탈트 심리학자 쾰러Wolfgang Köhler, 1887~1967의 연구에 따르면, 무리 속에서 자란 침팬지는 거울 속의 자신의 모습을 인식할 수 있었던 반면, 고립되어 혼자 자란 침팬지는 거울 속의 자신을 인식하지 못했다. 사회적 자아(Me)가 있어야만 자아(I)가 성립할 수 있다는 이야기다. 자아가 하나뿐이면 인지 능력에 치명적 결함이 생긴다는 뜻이기도 하다.

러시아 문화심리학자 비고츠키는 여기서 한발 더 나아가, 자아란 사회적 상호작용이 내면화된 결과라고 주장한다. 인간의 모든 고등 정신 과정은 일단 상호작용에서 먼저 나타나고 내면화되어 개별적 자아의 특성이 된다는 것이다. 상황과 맥락에 따라 다양한 방식으로 구성되는 문화적 산물로서의 자아는 그래서 '분열적 자아'일 수밖에 없다. 아울러 '생각'이란 이렇게 각기 다른 분열적 자아들 간의 '대화'로 설명할 수 있다. 미하일 바흐친의 대화론과 같은 맥락이다.

자아가 오직 하나뿐이고, 일사불란하며, 일관되어야 한다는 생각은 '심리학적 근본주의'다. 문화적 맥락에 따라 달라지는 자아의 구성적 특징을 도무지 설명할 수 없다. 문제는 이러한 심리학적 근본주의가 종교적 근본주의보다 더 위험하다는 사실이다. 심리학적 근본주의는 자신은 물론 타인의 분열적 자아들에 관한 해석학적 맥락을 부정하기 때문이다.

소통 불가능의 심리학적 근본주의는 자기가 이해할 수 없는 모든 것에 대한 폭력과 억압으로 이어진다. 이는 모든 이데올로기의 양극단에서 나타나는 공통적 특징이다.

타인을 이해한다는 것은 그 사람의 문화적·사회적·심리적 맥락에 관한 이해를 동반한다. 예수, 석가, 공자도 마찬가지다. 그들이 살았던 시대의 해석학적 맥락을 제거하면 그들은 인종주의자거나 남성 우월주의자에 불과하다.

타인의 전혀 예상치 못했던 모습에 옳고 그름을 따지며 단죄부터 하려고 달려들지 말자는 거다. 타인의 분열적 자아가 속해 있는 해석학적 맥락에 대한 이해가 소통의 시작이다. 아울러 이런 방식의 소통이야말로 자신의 분열적 자아에 대한 성찰적 근거가 된다. 어떤 경우든 해석학적 여지를 남겨놓아야만 살 만한 사회가 된다.

아무튼 '나'는 하나가 아니라는 것만 인정하면 '거울 보고 가위바위보'가 더는 안 무서워진다.

뇌의 좌우 분리설

—

인간의 뇌는 좌뇌, 우뇌 둘로 분리되어 있고, 각 뇌의 기능은 독립적이라는 주장. 19세기 중반, 유럽 의학계에 뇌의 한쪽이 손상된 환자들의 상태가 보고되었다. 좌반구에 손상을 입은 환자들은 말을 하지 못했다. 읽고 쓰는 것도 힘들어했다. 그 후 다양한 임상 사례들을 종합해 좌반구는 언어적 활동, 우반구는 비언어적·시각적·공간적 활동을 담당한다는 뇌의 좌우 분리설이 공식화되었다.

임상 결과가 비교적 분명한 좌반구의 기능에 비해, 우반구의 기능은 그리 잘 확인되지 않는다. 오늘날까지도 우반구의 기능이 분명하게 확인되는 경우는 별로 없다. 시공간 인식과 관련된 테스트, 그리고 뇌량이나 교련섬유를 절단한 환자의 경우에서 확인될 뿐이다. 오늘날, 전문가들은 좌우 뇌의 기능은 고정적인 것이 아니며, 서로 보완하며 협조적인 기능을 한다는 절충적 입장을 취한다.

음악의 멜로디를 기억하는 과제를 받았을 때 어느 쪽 뇌가 더 활발하게 작동하는가를 관찰한 연구가 있다. 일반 사람들은 기존의 가설대로 우반구가 더 활발하게 활동했다. 그러나 음악 전공자의 경우, 좌반구의 활동이 더 활발했다. 전공자는 멜로디의 요소적 측면에 주목해 좌반구와 관련된 문제 해결 방식을 택한다는 것이다. 이처럼 예술 활동이라고 항상 우반구의 영역만으로는 설명할 수 없다.

양쪽 뇌를 연결하는 신경망을 뇌량腦梁이라고 한다. 여성의 뇌량이 남성의 뇌량보다 10퍼센트 정도 더 크고 잘 발달되어 있다. 남성의 뇌가 여성의 뇌보다 훨씬 크다는 것을 감안하면 뇌량의 남녀 차이는 매우 크다고 할 수 있다. 무슨 뜻인가? 좌우반구의 협력이 여성에게서 훨씬 더 원활하게 일어난다는 것이다. 일상생활에서 함축적이고 논리적인 결론을 추구하는 남성은 주로 좌뇌를 사용한다. 그러나 여성은 좌우반구를 골고루 사용한다. 같은 현상에 대해 여성은 이성과 감성이 모두 작동한다는 뜻이기도 하다.

문제는 뇌에 손상이 생겼을 때다. 특정 영역의 뇌에 손상이 오더라도 그 충격은 남성에 비해 뇌의 여러 영역을 사용해온 여성에게 덜하다. 멀티태스킹도 여성이 더 유리하다. 그래서 아이를 키우는 엄마가 그 많은 일을 동시에 해낼 수 있는 것이다. 남성은 죽었다 깨어나도 아기 엄마의 멀티태스킹을 따라갈 수 없다.

볼프강 쾰러

볼프강 쾰러는 막스 베르트하이머Max Wertheimer, 1880~1943, 쿠르트 코프카Kurt Koffka, 1886~1941와 더불어 게슈탈트 심리학의 창시자 중 한 명이다. 쾰러의 박사 논문은 심리학의 창시자로 알려진 빌헬름 분트Wilhelm Wundt, 1832~1920와의 격렬한 논쟁을 야기하기도 했다.

인간의 사고 과정과 관련해 쾰러의 원숭이 실험은 아주 유명하다. 바나나를 손이 닿지 않는 위치에 걸어놓고, 원숭이가 이 바나나를 어떻게 따 먹는가를 관찰했다. 몇 번 뛰어오르다가 손이 닿지 않자 원숭이는 더 이상 바나나를 따 먹으려는 시도를 하지 않았다. 대신, 주위를 둘러보다가 양동이와 막대기를 가져왔다. 그러고는 양동이 위에 올라가 막대기로 바나나를 따 먹었다. 이를 쾰러는 '아하-체험 Aha Erlebnis'이라고 불렀다. 느닷없는 통찰이 생기며 '아하!' 한다는 것이다.

쾰러는 통찰 이론을 통해 당시의 유일한 학습 이론이었던 시행착오설에 결정적인 반론을 제기한다. 끊임없는 시행착오를 통해 점차 올바른 해결책에 다가간다는 시행착오설과는 달리, 문제 해결은 갑자기 그리고 느닷없이 일어난다는 것이다. 아르키메데스Archimedes, BC 287~BC 212가 목욕물이 넘치는 것을 보고 "유레카Eureka!" 하고 외친 것과 동일한 현상이다.

그림은 벽에 걸어놓으려 그린다.
벽에 걸 수 없는 그림은 안 그리는 편이 낫다.

사랑도 그렇다.

의미는 어떻게
만들어지는가

•

내 친구 귀현이가 드디어 일을 저질렀다. 남이 운영하다 망한 캠핑장을 어느 날 불쑥 인수한 것이다. 땅 주인에게 월세를 조금만 내면 된다며 좋아한다. 주말에만 손님이 있고, 주중에는 사람이 거의 없어 자기가 하고 싶은 일을 마음대로 할 수 있다고 침을 튀겨가며 흥분한다. 돈 버는 건 별로 관심이 없다.

낮에는 나무, 새, 하늘을 사진 찍고, 밤에는 혼자 모닥불을 피워놓고 음악을 듣는단다. 숲 속에서 그렇게 혼자 지내는 시간이 너무 폼 난다며 행복해서 죽고 싶단다. 폼 나기는 개뿔! 실제 가보니 월세가 그리 싼 이유가 있었다. 주변이 영 지저분하다. 귀현이의 근본적인 문제는 '드~러운 것'과 '폼 나는 것'을 잘 구별 못하는 거다. 캠핑장도 어지럽고, 캠핑장 주인

행색도 아주 드~럽다. 또 아주 빨리 망할 것 같다.

캠핑장 아이디어는 원래 내 것이었다. 수년 전 『나는 아내와의 결혼을 후회한다』라는 책을 냈을 때 나는 책이 잘 팔리면 캠핑카를 사겠다고 공언했다. 책의 에필로그에 "나이 오십이 넘으면 일주일에 2~3일은 캠핑카를 타고 밖으로 나가 풍광이 아름다운 곳에 차를 세워놓고, 핸드드립으로 커피를 끓이고 음악을 들으며 책 읽고 글 쓰는 것이 내 꿈이다"라고 썼다. 책이 무척 많이 팔렸는데도 정작 캠핑카는 사지 못했다. 아내가 그따위 발칙한 제목으로 책을 팔았으면 인세는 자기 마음대로 사용하는 것이 옳다며 모두 압수해갔다. 내 캠핑카의 꿈이 이렇게 발목이 잡혀 있는 사이에 내 친구 귀현이는 아예 캠핑장을 운영하겠다고 나선 것이다.

우리만 그런 게 아니다. 중년 사내들 사이에 요즘 부쩍 캠핑이 붐이다. 외국도 마찬가지다. 은퇴하고 할 일이 없어 죽어라 산에만 오르던 이들에게 캠핑은 아주 훌륭한 대안이다. 일단 장비가 죽인다. 등산 장비는 기껏해야 옷과 신발, 배낭이 전부다. 그러나 캠핑은 다르다. 준비해야 하는 장비의 종류가 장난이 아니다. 그 모든 장비를 챙겨 차에 싣고 캠핑장에서 설치하는 모든 과정이 그렇게 폼 날 수가 없다.

불을 피우고, 음식도 직접 한다. 불편하고 귀찮다며 따라나서기를 주저하던 아내도 육체노동에 몰두하는 사내의 뒷모습에 감동한 눈빛을 보낸다. 그동안 잊고 있었던 '수컷'의 느낌이 충만해진다.

그러나 사내들의 모든 욕망이 그렇듯 캠핑 장비의 허세虛勢 또한 대부분 바로 허무虛無로 꼬리를 내린다. 한 번 따라왔던 아내는 다시는 따라나설 생각을 하지 않는다. 왜 좋은 집을 놔두고 그 고생을 해야 하는지 도무지 이해할 수 없다는 거다. 옳다. 그래서 물어보는 거다. 도대체 왜 캠핑일까? 왜 캠핑은 막다른 골목에 다다른 중년 사내들의 삶에 희망이 되는 걸까?

몇 달에 걸친 관찰 끝에 드디어 이유를 찾아냈다. 사내들이 캠핑을 하는 이유는 불을 피우기 위해서다. 바비큐를 하고, 요리를 하는 것은 먹기 위해서가 아니다. 불을 피우기 위해서다. 중년의 사내들이 장작을 모아 불을 지피고 싶은 이유는 잊힌 삶의 의미意味를 되살리고 싶은 간절함 때문이다. 의미는 불을 피울 때 만들어진다.

의미부여Sinngebung는 인본주의 심리학 혹은 현상학적 심리학의 핵심 주제다. 인본주의 심리학은 자극에 대한 반응으로 인간을 설명하려는 행동주의 심리학이나 자연과학의 방법론을 모방하려는 실험심리학에 대한 회의에서 출발한다. 자연과학적 방법론으로 설명되는 것은 동물의 영역이지, 인간의 영역이 아니기 때문이다.

인간은 자신을 둘러싼 대상과의 관계에 끊임없이 의미를 부여하며 존재의 목적을 정당화한다. 무기력이나 우울함은 그 목적이 정당화되지 않을 때 생긴다. 아우슈비츠라는 절망적 상황에서도 삶의 희망을 놓지 않았던 빅터 프랭클Viktor Frankl, 1905~1997이 주장한 로고테라피Logotherapie도 의미부여라는 인간만의 독특한 존재 정당화 방식에 관한 설명이다. 이 같

니의 '불타는 밤'은 나의 '불 때는 밤' | 2015 | 275×220 | 화지에 수간채, 석채

은 의미부여의 인류학적 기원은 어떻게 설명해야 할까?

일본의 사회철학자 이마무라 히토시今村仁司, 1942~2007는 불을 피우는 행위가 의미를 구조화하는 '의례적 실천'이라고 설명한다. 그는 『의례儀禮의 온톨로기ontologie』라는 책에서 의미부여의 기원을 원시 인류의 불을 피우는 행위에서 찾는다. 수렵 채취 사회의 원시 인류는 불을 피우는 행위를 통해 공동체를 유지했다. 공동체의 모든 문제는 장작불을 가운데 두고 둘러앉아 논의되었다.

이해할 수 없고, 도무지 설명되지 않는 자연 현상에 관해 불을 피워놓고 밤새 이야기했다. 남이 잘되는 것을 못 견뎌하는 인류의 근원적 질투심을 어떻게 처리해야 공동체가 유지될 수 있는가에 관해서도 토론했다. 인류의 가장 위대한 발명인 의미부여는 이렇게 시작된 것이다. 모든 종교적 리추얼에 불 피우는 행위가 포함되는 이유도 바로 이 때문이다.

둘러앉아야 의미가 부여된다는 거다. 중년 사내들이 캠핑장에서 불을 피우는 이유는 둘러앉아 의미를 공유하고 싶어서다. 왜 은퇴하고도 30여 년을 더 살아야 하는지 알고 싶어서 그러는 거다. 모닥불을 가운데 두고 둘러앉는 이 같은 의례적 실천은 단지 중년 사내들에게만 필요한 것이 아니다. 서로 편을 갈라 마주 보려고만 하는 오늘날의 한국 사회에 긴급하게 요구되는 것이기도 하다. 장작불이 없으면 담뱃불이라도 켜고 둘러앉아야 한다.

마주 보는 방식으로는 상대방을 설득할 수 없다. 그저 평행선이 끝까지 이어질 뿐이다. 소실점 끝에는 그 평행선이 만날 것 같지만 그건 환상이다. 그 끝에 가면 또 다른 평행선이 또 다른 소실점 끝까지 이어져 있을 뿐이다.

마주 보는 방식으로 공동체의 의미는 절대 만들어지지 않는다. 불을 피우고 둘러앉아야 한다. 단, 분위기가 마음에 들지 않는다고 중간에 장작불을 걷어차고 먼저 집에 가는 일은 절대 없어야 한다!

· ·

빅터 프랭클의 로고테라피
—

로고테라피란 오스트리아의 정신분석학자 빅터 프랭클이 만든 심리요법을 가리킨다. 유대인이었던 그는 2년 반의 아우슈비츠 강제 수용 기간에 경험하고 깨달은 것을 바탕으로 『죽음의 수용소에서(한 심리학자의 강제 수용소 체험기)』라는 책을 집필했다. 홀로코스트에서 부모와 아내, 동생이 죽어가는 상황 속에서도 그는 희망의 끈을 놓지 않았기에 살아남을 수 있었다고 이야기한다.

이 책의 핵심은 인간이 어떤 극한 상황에 처하더라도, 스스로의 존엄을 지킬 자유는 자기 자신에게 달려 있다는 것이다. 희망을 선택할 것인가, 절망을 선택할 것인가는 전적으로 주체의 문제다. 빅터 프랭클은 이를 로고테라피라는 정신치료법으로 발전시켜, 삶의 의미를 찾아 능동적인 존재로 살아가는 방법을 제시했다.

의미와 리추얼ritual

인간 행위의 심리학적 설명에서 '의미'와 '재미'는 가장 중요한 차원이다. 재미가 주로 개인적 동기 차원에서 설명된다면, 의미는 개별적 행위가 가지는 사회적 인정의 차원과 관련된다. 재미의 차원에 관한 심리학적 설명은 다양한 방식으로 시도되지만, 의미의 구성 과정에 관한 설명은 그리 많지 않다. 개인적으로 내가 향후 10년간 다루고자 하는 주제가 바로 '의미의 문화적 구성 과정'이다.

리추얼은 의미 구성의 가장 중요한 맥락이다. 리추얼은 습관처럼 반복된다. 그러나 무의식적으로 반복되는 습관과 달리 리추얼은 정서적 반응을 동반한다. 인간은 정서적 변화가 일어나면 어떻게든 이 정서적 변화를 정당화해야 한다.

리추얼로 동반되는 정서적 변화를 정당화하는 과정에서 '의미'가 구성된다. 의미가 구성되는 리추얼의 가장 대표적인 예는 종교적 의례다. 신앙심이 깊은 이들은 예배를 드리거나 불공을 드릴 때, 내면에서 아주 강한 정서적 변화를 겪는다. 이 정서적 변화를 정당화하는 과정에서 '신의 섭리' '부처님의 자비'와 같은 의미부여가 가능해지는 것이다.

종교적 행사에서만 의미부여가 일어나는 것은 아니다. 아주 사소한 일이라도 반복적인 과정에서 정서적 변화가 동반되면 의미부여는 일어난다. 행복한 사람일수록 사소한 리추얼이 많다. 음악 감상이나 독서, 등산도 정서적 변화가 동반되고, 인지적 정당화가 일어나면 아주 훌륭한 리추얼이다. 그러나 그 어떤 정서적 경험도 부재하면 삶의 의미는 부여되지 않는다.

•

조갯가루, 돌가루를
끓인 아교물에 섞어 비벼서
물감을 만들어야 하는
일본화는 재미있다.

'흙장난' 같아서다.

물감을 이렇게 만지고 있으면 참 좋다!

만질수록 커진다!
무엇이든….

비데, 휴지,
그리고 마우스

•

다 쥐 때문이다. '그 쥐'(!)를 말하는 게 아니다. 컴퓨터의 마우스다. 한국 사회가 이토록 소통이 힘든 사회가 된 까닭은 바로 그 마우스 때문이다. 인간 의식의 진화 과정은 마우스 사용 전과 후로 나뉜다. 이건 순전히 내 생각이다.

'존재가 의식을 결정한다'는 마르크스의 주장은 사실 너무 많이 건너뛴 이야기다. 도대체 그 결정 과정이 어떻게 가능한가에 관한 설명이 빠졌기 때문이다. 뒤늦게 비고츠키나 루리아Alexander Luria, 1902~1977와 같은 발군의 러시아 심리학자들이 언어 등의 문화적 기호 체계로 매개되는 의식 구성 과정을 설명한다. 그들의 기호학적 매개론semiotic mediation은 마르크스의 경제결정론적 사유의 틀을 훨씬 뛰어넘는 것이었다. 결국 그들의 이론은 바로 제거되었고, 그 후로 소비에트에서 기억할 만한 심리학자는 더 이상 나타나지 않았다. 그렇다고 오늘날의 심리학 전성 시대를 이끌고 있는 환원론적 미국식 심리학이 1930년대의 그들보다 더 뛰어나다고는 할 수 없다. 현대 심리학의 계량주의는 참 많이 어설프다. 또 위험하다.

인간 의식의 변화를 설명하는 강력한 이론은 전혀 엉뚱한 곳에서 나왔다. 기존 학문 분과 어디에도 끼워 넣기 어려운 '미디어론'을 들고 나온 마셜 매클루언Marshall Mcluhan, 1911~1980이다. '매체가 의식을 결정한다'는 미디어론은 텔레비전을 보는 사람의 생각과 라디오만을 듣는 사람의 생각은 질적으로 다르다고 주장한다. 매클루언의 매체결정론은 마르크스의 경제결정론보다 더 예언적이다.

내 쥐 이야기로 돌아가서 설명해보자. A4 용지를 쓰는 사람의 생각(A4적 사고)과 마우스를 쓰는 사람의 생각(마우스적 사고)은 근본이 아예 다르다. 활자 발명 이후, 수백 년에 걸쳐 형성된 A4적 사고는 일단 선형線形적이다. 연역과 귀납의 논리가 직선으로 A4 용지에 가득 차야 한다는 뜻이다. 그러나 이 선형적 사고는 A4 용지를 결코 벗어나서는 안 된다. 유일하게 벗어날 수 있는 방법은 논문을 쓰는 일이다. 논문은 긱주脚註와 미주尾註를 사용해 A4 용지 안팎을 수시로 들락거릴 수 있기 때문이다. 대학의 석박사 과정에 그토록 비싼 등록금을 내는 이유는 바로 이 각주와 미주를 마음대로 사용할 권리를 얻기 위해서다.

인간 사유의 본질은 '날아다니기'다. 멍하니 있을 때 생각은 날아다닌다. A4적 사고는 인간 사유의 창조적 본질을 억압한다. 오직 천재들만이 이 억압으로부터 자유롭다. 우리의 생각은 책상 주변만 빙빙 돌아다닐 뿐이다. 그러나 천재들의 생각은 아주 멀리까지 날아간다. 그리고 다시 돌아온다. 생각이 아주 멀리 갔다가 아예 안 돌아오는 경우도 있다. 이들은 전문용어로 '또라이'라고 한다.

컴퓨터의 마우스는 A4적 사고의 틀을 통째로 뒤집어버렸다. ('터치'는 마우스에 피부를 입힌 것으로 봐야 한다.) 클릭 하면 바로 A4 용지 밖으로 날아갈 수 있게 된 것이다. 비논리적, 비선형적이다. 일부 천재만 할 수 있었던 '생각 날아다니기'가 보통 사람들에게도 가능하게 된 것이다.

마우스적 사고의 결정적인 특징은 멀티태스킹multitasking이다. 클릭할 때마다 텍스트를 뛰어넘어 전혀 다른 매체로 이동한다. 메일을 체크하면서 뉴스도 보고, 음악도 듣는다. 중간중간 날아드는 트위터에 답도 한다. 이제까지 정신병리학적 장애로 여겨졌던 주의산만, 집중력장애가 일반적 사고 패턴이 되어버린 것이다.

A4적 사고는 '책이 놓여 있는 책상'이라는 전제에서 기능한다. 그러나 마우스적 사고는 책상이 필요 없다. 책상이 동시에 세 개도 되고 네 개도 된다. 실제 컴퓨터 운영체제 개발자들은 바로 이 '책상'이라는 메타포로 야기되는 상상력의 빈곤에서 벗어나고 싶어 한다. 아예 데스크(책상)라는 용어 자체를 없애려고 한다.

비데 나왔다고 휴지가 사라지는 건 아니다 ㅣ 2013 ㅣ 150×100 ㅣ 수채화 종이에 유성펜, 색연필, 수채화 물감

중고등학교 시절 윈도를 사용했던 30대 후반까지가 이런 마우스적 사고를 한다. A4적 사고를 하는 그 이전 세대와는 전혀 다른 존재다. 단순한 사용 도구의 차이가 아니다. 매체가 다르면 사유 내용이 달라지고, 결국 존재 양식마저 달라지는 것이다. 이런 마우스적 사고를 참을 수 없이 가볍다고 비난하는 것은 정말 바보 같은 짓이다. 너희는 왜 그렇게 생겼느냐고 욕하는 것과 마찬가지다. 세상에 젤 치사한 게 생긴 것 가지고 뭐라 하는 거다.

한국 사회의 소통 부재는 A4적 사고와 마우스적 사고의 차이에서 비롯된다. 정치적 포지셔닝은 본질적 문제가 아니다. 정치적 갈등의 외피를 입고 있는, 도무지 교환할 수 없는 사유 방식의 차이, 존재 양식의 갈등은 거의 문명 충돌에 가깝다. 이렇게 교묘하게 은폐된 갈등은 마우스적 사고가 대세가 될 때까지 계속된다. 물론 시간은 그들의 편이다.

아, 그렇다고 A4적 사고가 더 이상 필요 없다는 건 아니다. 비데 나왔다고 휴지가 사라지는 건 아니기 때문이다. 오히려 휴지는 더 고급이 되어야 한다. 어설프게 싸구려 휴지를 썼다간 너저분하게 낀다. 특히 여름에는 예민한 그곳의 살갗이 까지기까지 한다. 비데와 휴지의 모순 관계에서 휴지가 살아남는 길은 고급이 되는 것뿐이다. 이젠 제발 좀 세련된 A4적 사고를 하자는 말이다.

미디어론_(매체결정론)

캐나다의 미디어 이론가이자 문화평론가인 마셜 매클루언이 정립한 미디어 개념 이론이다. 1964년 『미디어의 이해』라는 책에서 매클루언은 '미디어는 메시지다' '미디어는 인간의 확장이다' '말과 글로 쓸 수 있는 매개체가 말 그 자체보다 중요하다'와 같은 혁신적인 견해를 밝혔다.

매클루언에 따르면 매체의 영향력은 매체 자체가 지닌 정의도definition, 즉 '해석의 여지'와 수용자의 감각적 참여도participation 등에 의해서 결정된다. 매체가 다르면 메시지도 달라지고 수용자가 세계를 인식하는 방식도 달라진다. 신문, 잡지, 라디오 매체 같은 핫미디어hot media는 정보의 양이 많다. 그러나 해석의 여지가 많지 않아 수용자에게 낮은 수준의 참여와 몰입을 요구한다. 반면 TV, 전화, 만화 같은 매체들은 해석의 여지가 많다. 즉 정보량이 많지 않아 수용자의 높은 참여와 몰입이 요구되는 쿨미디어cool media로 분류된다. 그러나 자막이 포함된 요즘의 예능 프로그램은 이 같은 매클루언의 핫미디어와 쿨미디어의 분류에 해당되지 않는 새로운 형태라고 할 수 있다.

하이퍼텍스트

1960년대 컴퓨터 개척자 테드 넬슨Theodore Nelson, 1937~이 'hyper(건너편의, 초월, 과도한)'와 'text'를 합성해 만든 컴퓨터 및 인터넷 관련 용어. '파생 텍스트'라고 번역되기도 한다. 일반 문서나 텍스트는 사용자의 생각과는 무관하게 일정한 정보를 순차적으로 제시하지만, 하이퍼텍스트는 사용자가 연상하는 순서에 따라 원하는 정보를 제공하는 시스템이다. 궁금한 내용을 클릭하면서 사용자가 원하는 대로 이곳저곳 날아다니며 정보를 얻는다는 이야기다.

하이퍼텍스트는 기존 텍스트의 선형성線形性·고정성·유한성의 제약에서 벗어나 있는 새로운 형태의 텍스트를 지칭하는 개념이다. 인간 사고의 가장 기본적인 특징인 연상聯想을 기술적으로 가장 충실하게 재현한 형태다. 인간의 사고는 기본적으로 시각 정보들의 연상 작용으로 이뤄진다. 어려운 상황에 부딪혔을 때만, 텍스트의 선형성과 유사한 형태의 논리를 동원한다. 하이퍼텍스트는 기존의 텍스트로는 설명할 수 없는 인간 사고의 특성을 하이퍼링크hyperlink와 쌍방향성이라는 컴퓨터의 특성으로 구현한 것이라 할 수 있다.

한 가지 더. 전자책이 나오면서 종이책의 미래를 걱정한다. 그러나 종이책은 사라지지 않는다. 사람들은 중요한 것에는 '침'을 바르기 때문이다. 돈, 사랑하는 사람 등등. 종이책이 전자책보다 좋은 이유는 침을 바를 수 있기 때문이다.

·

세로로 쓰인 일어 책을 읽으면
참 착해진다.

고개를 쉴 새 없이
끄덕여야 하기 때문이다.

나는 이제까지 끊임없이
고개를 가로저으며 살아왔다.

그래서 참 많이 힘들었다.

난 '그 매기'가
'그 메기'인 줄 알았다

·

나는 스무 살이 넘도록 '그 매기'가 '그 메기'인 줄 알았다. '옛날에 금잔디 동산에~', 지금 그 노래를 말하는 거다. 어릴 때 난 이 노래가 참 좋았다. 내게 금잔디 동산은 유년 시절을 보냈던 대전 공군기술교육단 뒷동네에 있던 공동묘지였다. 햇볕이 좋은 날이면 난 이름 없는 무덤 위에 누워 얼마나 '그 메기'를 흥얼거렸는지 모른다. 그렇게 해가 지도록 하늘만 쳐다보다가 집으로 돌아갔다. 엄마는 매번 "아주 가지가지 한다!"며 심란해하셨다.

사실 물고기인 메기랑 금잔디 동산에서 함께 논다는 노래 가사가 많이 이상하긴 했다. 그러나 산에도 메기가 뛰노는 개울이 있을 거라고 생각했다. 그 메기가 여자 이름인 '매기Maggie'일 줄은 정말 상상도 못 했다. 그 메기가 '매기'라면 이 노래는 더 희한한 노래가 된다. 밤낮으로 '동산 수풀이 우거진 곳'에서 '물레방아 소리 들리도록' 문제의 그 여자, 매기하고 놀았다는 이야기다. 애들이 부를 노래는 아니었던 거다.

좌우간 동양이나 서양이나 물레방앗간은 참 흐뭇한(?) 곳이었다. 슈베르트도 '물레방앗간의 아가씨'를 주제로 연가곡을 만들었다. 그 아가씨가 괜히 물레방앗간에 있었던 게 아니다. 아무튼, 그 매기의 실체를 알게 된 후로 난 더 이상 그 음탕한 '옛날에 금잔디 동산에'는 안 부른다.

금잔디 동산과는 전혀 다른 분위기의 교토 아라시야마嵐山는 이번 여름 내내 동네 이름처럼 '폭풍의 언덕'이었다. 숨이 턱턱 막히다가도 비가 한 번 쏟아지면 순식간에 강이 넘치곤 했다. 그러나 여름도 이젠 한풀 꺾여 해 질 무렵에는 제법 선선하다. 산기슭이 컴컴해지면서 스산한 느낌이 들면 나도 모르게 '해는 져서 어두운데 찾아오는 사람 없어~' 하는 노래를 흥얼거린다. 그런데 이 노래를 끝까지 제대로 부른 적이 없다.

마지막 부분에서 매번 울컥하게 되는 까닭이다. '내 동무 어디 두고 이 홀로 앉아서 이 일 저 일을 생각하니 눈물만 흐른다'는 부분에 이르면, 아주 격하게 감정이입이 되면서 꺽꺽거리게 된다. 난 요즘도 이렇게 '아주 기지가지 하고 있다!'

문제는 이렇게 한번 쓸쓸하고 우울한 생각에 빠지면 좀처럼 헤어나기 어렵다는 거다. 내 나이에는 확실히 더 그렇다. 더 이상 스스로 통제하기 힘든 건강, 일, 인간관계와 관련된 서글픈 생각이 꼬리에 꼬리를 문다. 이런 식이라면 우울증에 걸리는 건 한순간이다. 그럴 때는 걸어야 한다.

산책散策은 우울함에 대항하는 가장 강력한 무기다. 걷다 보면 주의attention가 분산되면서 우울함과 상관없는 전혀 다른 생각이 떠오른다. 걷기에 동반되는 몸의 리듬은 유쾌한 감정을 일으킨다. 즐거우면 몸을 흔들게 되지만, 몸을 흔들면 즐거워지는 것과 마찬가지 원리다. 프랑스 철학자 앙리 르페브르Henry Lefebvre, 1901~1991가 돌다 돌다 마지막에 파고든 주제가 바로 이 '리듬 분석Elements de rythmanalyse'이다. 르페브르에 따르면 몸의 리듬은 사회문화적으로 구성된다. 걷기는 고도의 문화적 행위라는 것이다.

걷기를 가장 먼저 문화적 행위로 규정한 이는 독일 출신 철학자 발터 벤야민이었다. 그는 도시의 구석구석을 헤매고 다니는 이를 가리켜 '산책자flâneur'라고 했다. 물론 동서양의 고전에서 산책은 항상 철학적 사유와 연관 지어 설명해왔다. 문제는 어디를 산책하는가다. 독일 사람들은 아주 자주 산속을 헤맸다. 이를 '방랑wandern'이라고 했다.

유대인이었던 벤야민은 나치 독일을 피해 프랑스 파리로 망명했다. 그곳에서 독일식 방랑과는 차원이 전혀 다른 산책flâner이라는 행위를 발견했다. 그냥 걷는 게 아니다. 도시 구석구석을 돌아다니는 거다. 근대가 만들어낸 새로운 생활 공간인 도시는 온갖 자극으로 가득 차 있다. 인류가 지금까지 경험했던 시각적 자극과는 전혀 다르다. 벤야민은 이 도시를 몰려다니는 군중의 일원이면서도, 반성적 거리를 두고 관찰하는 메타적 시선이 가능한 사람을 산책자로 지칭했다. (파리가 나치에 점령당하자 벤야민은 나치를 피해 스페인 국경 피레네 산맥을 넘다가 독약을 먹고 자살했다.)

밤에 돌아다니기 시작한 것도 파리의 산책자들이었다. 건물과 건물 사이를 연결한 아케이드에는 밤에도 불이 환하게 켜져 있었다. 파리의 쇼윈도는 오늘도 여전히 환하다. 그리고 아주 멋있다. 밤이면 찾아오는 치명적인 우울함을 피해 거리로 나선 산책자를 위한 자본주의적 배려다.

파리가 이렇게 '산책자의 도시'가 될 수 있었던 이유는 불바르라는 널찍한 길 때문이었다. 세상 모든 시선의 중심이길 원했던 프랑스 왕들은 눈길이 닿는 모든 곳을 원근법적 구도로 꾸몄다. 길 가장자리에 가로수를 심어 원근법적 깊이가 과장되도록 꾸몄다. 가로수 바깥으로는 보행자를 위한 길을 따로 만들었다.

프랑스 절대 왕조는 그리 오래가지 않았다. 그러나 그들이 꾸며놓은 길은 여전히 남아 있다. 길 가장자리에는 노천카페가 들어섰다. 불바르의 카페에 앉아 커피를 마시는 이는 죄다 도로 쪽을 향해 앉아 있다. 불바르를 걷는 이들은 앉아 있는 이들을 구경하고, 카페에 앉아 있는 이들은 걷는 이들을 구경한다.

도시 한가운데를 마음껏 산책하며 구경할 수 있어야 선진국이다. 미국이 유럽에 비해 문화적으로 한 급級 낮아 보이는 이유는 죄다 죽어라 조깅만

발터 벤야민 | 2014 | 652×910 | 화지에 수간채, 석채

앤디 워홀식 발터 벤야민의 진화 ｜ 2014 ｜ 아이폰 포토 수정

하기 때문이다. 일본의 뒷골목이 그토록 깨끗하고 예쁜 이유는 길가 주차가 불가능하기 때문이다. 자동차를 사려면 주차장이 있다는 것을 증명해야만 한다. 일본인들은 그 골목길에 깔린 돌바닥에 아침저녁으로 물을 뿌려댄다. 참 정갈하다. 그리고 참 부럽다.

서울의 길은 낮이나 밤이나 주차장이다. 주차된 차를 헤집고 다니느니 차라리 우울해지고 만다. 우울해지기 싫은 이들은 분노와 적개심을 선택한다. 하긴 우리는 언젠가부터 '파크(공원)'에서 자고 '가든(정원)'에서 밥 먹는 걸 아주 당연하게 생각한다. 산책로에 주차하는 것 정도야 아주 우스운 거다.

· ·

리듬 분석
—

내가 최근 관심을 가지는 부분이 바로 리듬, 동작과 같은 것들이다. 재즈에 느닷없이 관심을 가지게 된 이유도 마찬가지다. 내 생각에 재즈의 핵심은 싱커페이션 syncopation인 듯하다. 당김음으로 엇갈린 리듬감을 주는 연주 기법이다. 음악을 듣는 이들을 순간순간 긴장케 한다.
이은하와 같이 오래된 가수들은 자신들의 히트곡을 원래 박자 그대로 부르지 않는다. 중간중간 한 박자 빨리 나오거나 한 박자 늦게 나온다. 하도 많이 불러서 지겨워서 그렇다. 긴장이 풀린 중년의 삶에 재즈가 필요한 이유도 마찬가지다. 시원하게 소변을 본 후에 부르르 하는 것 같은 행복한 긴장과 이완을 재즈의 리듬을 통해 경험한다. 늙으면서 자꾸 소변이 새는 이유는 삶에 이런 긴장이 사라졌기 때문이다.

프랑스 철학자이자 사회학자 앙리 르페브르도 평생 마르크시즘과 씨름하면서 현실사회주의 문제를 고민했지만, 노년에 이르러 그 모든 것들이 늙은 여가수의 낡은 히트곡처럼 심드렁해졌던 모양이다. 아주 뜬금없이 『리듬 분석』이란 책을 썼다.

리듬은 삶의 본질적인 부분이다. 우리 삶은 대부분 리듬과 속도로 결정된다. 타인과의 대화에서도 리듬은 아주 결정적인 소통 수단이다. 상대방이 내 이야기를 제대로 듣고 이해하고 있는가를 어떻게 판단하는가? 얼굴 표정과 몸짓이다. 아주 섬세한 영역이다. 그러나 모든 판단은 바로 이 섬세한 영역에서 이뤄진다. 이때 말하는 사람과의 리듬이 맞아야 제대로 소통이 되는 것으로 판단한다. 중년의 아저씨들이 기분 나쁜 이유는 이 대화의 리듬이 잘 안 맞기 때문이다.

르페브르도 상호작용에서 리듬의 기능을 중요하게 생각했다. 사회적 삶이란 '나의 리듬'과 '타인의 리듬' 사이의 투쟁 혹은 조화라고 주장한다. 그는 리듬을 좀 더 폭넓게 설명하기도 한다. 지중해 해안 지대의 도시들은 언덕 높이에 따라 각기 다른 리듬이 작동한다는 주장을 펼쳤다. 높은 지대의 '건축물의 시간'과 낮은 지대의 '도시적 시간'이 갖고 있는 리듬은 서로 다르며, 이 리듬의 차이는 계단을 통해 해소된다는 것이다.

발터 벤야민

내가 독일 베를린에서 유학할 당시, 야간 경비원은 한국 유학생들 사이에서 가장 인기 있는 아르바이트였다. 주말 이틀 밤을 꼬박 새고 오면, 일주일은 충분히 먹고살 수 있는 돈이 생겼다. 당시 독일 대학은 등록금이 없었다. 밤새 경비실에 앉아 책만 보다 오면 생활비가 나왔다.

휴일에는 시간당 임금이 50퍼센트 인상되었다. 대학의 연구원으로 취직하기 전까지 나는 5년 넘도록 주말의 이틀 밤을 꼬박 베를린 외곽의 공장, 가구점, 난민 수용소 등의 경비실에서 보냈다. 사실 난 그리 어려운 집안에서 자라지 않았다. 그러나 아버지의 그늘을 벗어나는 것이 내 독일 유학의 1차적 목적이었다. 어떻게든 경제적으로 독립하고 싶었다. 아들은 원래 그런 거다.

베를린의 야간 경비원 아르바이트 자리를 처음 뚫은 사람의 이름이 유학생들 사이에서는 전설처럼 전해졌다. 최성만이란 사람이다. 다들 그를 고마워했다. 그가 한국 유학생의 성실한 이미지를 만들었기에, 수많은 후배들이 그 아르바이트 자리를 얻을 수 있었던 것이다.

안타깝게도 독일 통일 후, 한국 유학생의 아르바이트 자리는 동독 국경수비대에 근무했던 이들에게 넘어갔다. 키가 180~190센티가 넘는 훤칠하고 날렵한 동독 군인들이 먹고살기 위해 서독의 야간 경비원으로 취직한 것이다. 독일 회사 입장에서는 당연히 낯선 동양의 비쩍 마른 유학생들보다는 훨씬 믿음직스러웠을 것이다.

최성만이란 사람을 만난 적은 없었다. 내가 학위를 마치고 귀국해서 보니 그는 이대 독문과 교수로 재직하고 있었다. 그는 발터 벤야민의 전문가였다. 벤야민의 책은 대부분 그의 손을 거쳐 한국어로 번역되었다. 꼬박꼬박 시간에 맞춰 순찰 도는 베를린의 야간 경비원처럼 최성만 교수는 벤야민에 관한 논문, 책들을 꾸준히 내고 있었다.

발터 벤야민은 매우 에디톨로지적이다. 그는 수많은 자료들을 체계적으로, 아주 독일적으로 정리했다. 그의 비극적 죽음으로 인해 수많은 자료가 사라졌지만, 남겨진 자료만으로도 오늘날 수많은 벤야민 전문가들이 먹고산다.

발터 벤야민은 어느 한 분야의 지식인으로 설명하기 힘들다. 그런 의미에서 20세기 학자라기보다는 21세기를 선점한 지식인으로 봐야 한다. 그의 자료 분류 방법은 창조적 에디톨로지의 전형이다. 뿐만 아니다. 그의 산문이 가진 정서적 따뜻함은 매번 읽기를 멈추고 먼 곳을 바라보게 한다. 그의 『일방통행로』『사유이미지』 『베를린 연대기』 등의 산문집에 담긴 내용은 정말 압권이다. 벤야민이야말로 진정한 의미의 문화심리학자다.

•

'천재끼'와 약간의 자폐 증상을 함께 보이는
'그책'의 편집장 정상준 대표가 교토에 놀러 와서
내게 그랬다.

"곱게 늙으려면 재즈를 들으세요!"

몸매가 엄청 후졌지만
수염은 무척 귀엽게 기른
재즈 평론가 황덕호의 책을 사서 읽는다.

재즈의 생명은
'즉흥(improvisation)'이다.

즉흥적이어야 즐겁고 재미있다.
예상 가능한 재미란 없다.

교토 시청 뒤의
재즈 LP 전문 매장 '하도-바푸(ハ-ド-バップ, Hard-Bop)'에는
온갖 희귀 재즈 앨범으로 가득하다.

'챗 베이커(Chet Baker)'의 판부터 샀다.
이유는 아주 단순하다.
'최백호'처럼 들려서다.

계속
공부할 거다

•

어제까지 일주일 동안 교토시 미술관에서 내 졸업 작품을 전시했다. 겨우 2년 공부하고 그림을 걸어놓은 미술전문대학 졸업 전시회에 그리 많은 사람이 올 리 없다. 학생들의 가족이 전부였다. 내 손님은 남서울대 이윤현 교수, 딱 한 명이었다. 간사이 지역의 대학들과 학점 교류 프로그램을 맺으러 왔다가 아주 우연히 교토에 들렀다.

이제 머리카락이 몇 가닥 남지 않은 이 교수는 꽃다발 대신 학교 마크가 찍힌 자개 필통을 하나 들고 왔다. 젠장, 은행이고 대학이고 공공기관이고 죄다 자개 필통, 자개 명함통이다. 제발 기념품 좀 다양하게 만들자! 그러나 이 교수는 먼 훗날 내 전시회를 증언해줄 수 있는 유일한 사람이었다. 그렇게 반갑고 고마울 수가 없었다.

정말이지 충동적으로 시작한 일본 생활이 이렇게 오래 지속될 줄은 몰랐다. 내 아들보다도 어린 동급생들과 실습실에 처박혀 그림을 그리며 보낸 지난 2년의 학교생활이 한나절 같다. 그림을 공부하며 아주 작은 테크닉 하나 깨칠 때마다 그렇게 행복할 수 없었다. 뒤에 실린 그림도 사진으로 보면 그리 신통치 않아 보이지만, 실제로 보면 마티에르matière (물감을 두껍게 발라 거칠고 입체적인 질감을 표현한 기법) 느낌이 벽화처럼 정말 기막히다. (흠, 물론 전적으로 내 느낌이다. 그러나 예술은 내 느낌이 진실이다. 남들의 판단은 한참 나중이다!)

조갯가루, 돌가루로 된 물감을 바르고 샌드페이퍼로 갈아내기를 대여섯 번은 해야 벽화 느낌이 난다. 이때 돌가루의 굵기를 잘 조절해야 한다. 처음 시도했을 때, 벽화 느낌이 살지 않아 얼마나 애가 탔는지 모른다. 지도 교수는 수개월이 지나도록 내 시행착오를 그저 멀리서 지켜만 봤다. 몇 달이 지난 어느 날, 그는 다른 굵기의 돌가루를 가져와 내 그림에 슬쩍 발라주었다. 난 정말 눈물이 핑 돌았다. 내가 그렇게 흉내 내고 싶었던 바로 그 벽화의 느낌이었다.

그림을 공부하기로 한 것은 내 인생의 가장 훌륭한 결정이었다. 주체적 삶이란 내가 좋아하는 것을 공부할 때 비로소 가능해진다. '인생의 주인이 돼라!'고 무수한 자기계발서들은 한결같이 주장한다. 그러나 구체적 방법론은 제시하지 않는다. 주체적 삶이란 그렇게 주먹 불끈 쥐고 결심한다고 되는 것이 결코 아니다.

월급쟁이 생활을 때려치우기만 하면 바로 내 삶의 주인이 될 거라고 생각한다면 정말 큰 착각이다. 평생 추구해야 할 공부의 목표가 없음을 돈의 문제로 환원시키며 자신의 쫓기는 삶을 정당화하는 것 또한 참으로 비겁하다. 삶의 마지막 순간까지 놓치지 않을 관심의 대상과 목표가 있어야 주체적 삶이다. 우리가 젊어서 했던 '남의 돈 따먹기 위한 공부'는 진짜 공부가 아니다.

자아실현自我實現은 공부를 통해 구체화된다. 공부야말로 가장 훌륭한 노후 대책이기 때문에 하는 이야기다. 우리보다 앞서 고령화 사회를 겪고 있는 일본이나 다른 서구 국가들이 수없는 시행착오 끝에 내린 고령화 사회 대책은 공부다! '평생학습' 개념도 고령화 사회라는 맥락에서 나오는 거다. 그래서 요즘 서구의 실버타운은 가능한 한 대학과 같은 교육 시설 근교에 짓는다. 교육기관과 연계한 평생 학습 프로그램을 제공하기 위해서다.

나는 앞으로 1년 더 일본에 머물며 미술 공부와 더불어 몇 권의 책을 더 쓸 생각이다. 몇 달 전부터 '김정운의 이어령 프로젝트'라는 이름으로 이어령 선생과 함께 책을 쓰기 시작했다. 말이 공저共著이지, 처음부터 끝까지 '이어령 공부'다. 도무지 한계가 없는 이어령의 날아가는 생각이 어떻게 가능한 건지 훔쳐보기 위해서다. 일어 공부도 물론 계속할 거다. 지난해에 『보다의 심리학』이라는 아주 흥미로운 일어 책을 한 권 번역했다. 이번에는 좀 더 어려운 책에 도전할 생각이다.

벽에 새겨진 훈민정음 ｜ 2015 ｜ 420×595 ｜ 화지에 수간채, 석채

'질투'에 관한 문화인류학 책이다. 인간 문화는 인정認定 투쟁Kampf um Anerkennung이 아니라 질투 투쟁Kampf gegen Neid의 결과라는 주장이 담긴 책이다. 르네 지라르의 희생양 이론 이후로 질투에 관한 가장 훌륭한 이론이다. 이미 몇 년 전부터 시작한 독일의 바우하우스에 관한 책까지 포함하면 앞으로 70세가 될 때까지는 충분히 몰입할 수 있는 주제들이다.

아무튼 나는 늙어서 영어, 독어, 일어, 한국어로 된 책을 들고 비행기를 타는 게 소원이다. 비행기에 타면 예쁘고 젊은 여자 옆에 앉아 영어 책, 독어 책, 일어 책, 한국어 책을 순서대로 읽을 거다. 독어 책을 읽을 때는 가끔씩 "크, 흐, 트" 하는 소리를 낼 거다. 영어 책과 독어 책을 구별하지 못하는 사람이 많아서다.

옆의 여자가 나를 곁눈질로 보는 듯한 느낌이 들면 바로 그녀를 향해 아주 우아한 미소를 날릴 거다. 이때 여자가 웃는다고 말 걸면 진짜 촌스러운 거다. 난 아주 무관심한 듯, 바로 눈길을 돌려 일어 책으로 바꿔 읽을 거다. 혹시라도 옆의 여자가 젊지도 않고, 예쁘지도 않으면 진짜 큰일이다. 나는 바로 내려서 다른 비행기 표를 끊을 거다. 아, 그럴 일은 정말 없어야 한다.

좌우간 난 늙으면 그렇게 영어 책, 독어 책, 일어 책, 한국어 책을 싸들고 비행기를 탈 거다. 땅콩 따위는 먹지도 않고 그렇게 우아하게 책만 읽을 거다!

희생양 이론

—

지난 2015년 11월 4일 르네 지라르Rene Girard, 1923~2015가 세상을 떠났다. 그는 프랑스 출신의 철학자다. 그러나 주로 미국에서 활동했다. 그의 이론은 여느 프랑스 철학자들과는 완전히 다르다. 쉽고 명쾌하다.

자크 라캉Jacques Lacan, 1901~1981, 롤랑 바르트Roland Barthes, 1915~1980, 자크 데리다Jacques Derrida, 1930~2004와 같이 난해하기 짝이 없는 프랑스 철학자 이름을 침이 마르도록 인용하는 지식인은 많다. 그러나 한국 사회에 미세먼지처럼 깔려 있는 분노, 적개심을 해석하는 데 있어 가장 훌륭한 이론을 제시하는 르네 지라르 이름은 별로 언급하지 않는다. 현상을 쉽고 명쾌하게 설명하면 폼이 안 난다고 생각하는 묘한 허세가 한국의 지식인 사회에 존재하기 때문이다.

지라르 이론의 핵심은 '욕망의 모방'이다. 우리가 그렇게 집요하게 추구하고 원하는 것이 실제로는 남들의 욕망을 흉내 낸 것에 지나지 않는다는 것이다. 그래서 인간의 욕망은 영원히 충족될 수 없다. 흉내 내야 하는 타인의 욕망은 무한하기 때문이다. 채워지지 않는 욕망의 메커니즘은 사회적 갈등을 끝없이 야기한다. 이 갈등은 희생양을 찾아 집단 폭력을 가하는 방식으로 해소된다. 문명의 기원은 바로 이 같은 '희생양 제의'라는 것이다.

나와 다른 것들에 대한 두려움, 원하는 것을 얻지 못할 때 생기는 질투로 인해 눈을 부릅뜨고 적을 찾아내는 한국 사회다. 그렇게 '발명된 적'에 집단 린치를 가하며, 자신은 지극히 정의롭고 선한 존재로 합리화한다.

프로이트가 위대한 이유는 모두 숨기고 싶었던 섹슈얼리티를 드러내놓고 설파한 까닭이다. 르네 지라르도 프로이트와 같은 반열에 올라야 한다. 질투, 가짜 욕망의 모방, 그리고 희생양을 만들어야만 유지되는 인간 문명의 본질을 드러내는 일은 섹슈얼리티를 이야기하는 것보다 더 어려운 일인 까닭이다. 섹슈얼리티는 감각적 즐거움이라도 있다. 그러나 자신의 질투, 타인의 욕망 흉내 내기를 인정하는 일은 하나도 안 즐겁다. 괴롭다. 아무튼 난 르네 지라르가 프로이트보다 훨씬 더 존경스럽다.

바우하우스

—

시작은 삼성 사장단을 대상으로 한 강의였다. 강의 내내 나는 왜 삼성의 디자인이 그렇게 형편없느냐고 계속 욕을 했다. 참다못한 사장 한 사람이 "그럼 어떻게 해야 하느냐?"고 물었다. '그러는 너는 솔루션이 있느냐?'는 질문이었다. 모른다고 했다.

집에 돌아오니 괜히 억울했다. 그래서 애플 디자인에 관한 자료들을 죄다 검색했다. 대답은 스티브 잡스의 자서전에 있었다. 다 베꼈다는 거다. 그래서 자신들을 베끼는 삼성을 고소하고 그러는 거다. 자신들이 다 베꼈으니, 베끼는 것이 얼마나 무서운지 알기 때문이다.

처음에는 소니Sony의 디자인을 베꼈다. 한때 소니 바이오의 디자인은 세계 최고였다. 아이폰 4, 아이폰 5의 디자인은 소니의 디자인을 훔쳐온 거였다. 그러나 어느 순간부터 소니의 디자인은 맛이 가기 시작했다. 일본 회사의 한계를 일치감치 알아챈 잡스는 독일 가전 회사 브라운Braun의 디자인을 적극 수용한다.

애플의 디자인을 책임지고 있는 조너선 아이브Jonathan Ive, 1967~ 는 내놓고 브라운의 디자이너 디터 람스Dieter Rams, 1932~ 디자인을 흉내 내고 있다고 말한다. 자료를 검색해보니 정말 그랬다. 새로 나오는 애플의 모든 기기들은 거의 모두 브라운의 전자 기기를 닮았다.

심지어는 최근에 나온 애플워치까지 그랬다. 내게는 4~5년 된 브라운의 전자시계가 있다. 애플워치가 발표된 그날 난 그 전자시계를 다시 꺼내 찼다. 사람들은 다들 애플워치냐고 물었다. 모서리가 둥글게 변한 것 이외에는 거의 똑같았다.

단순하고 투박한 듯하지만, 쉽게 질리지 않는 브라운과 같은 독일 산업디자인은 어떻게 가능했던 것일까? 많은 이들이 1953년부터 1968년까지 존속했던 울름 조형대학Hochschule für Gestaltung Ulm을 그 기원으로 꼽는다. 실제로 브라운의 과감한 디자인은 울름 조형대학과의 산학협동을 통해 가능했다. 울름 조형대학은 1919년 독일 동부의 바이마르에서 설립되어 1933년 베를린에서 히틀러의 강압에 의해 폐교될 때까지 존속했던 바우하우스의 졸업생인 막스 빌Max Bill, 1908~1994에 의해 설립된 디자인 학교다.

스티브 잡스도 자서전에서 브라운에 이어 바우하우스를 언급하고 있었다. 그렇다. 애플 디자인의 근원은 독일의 바우하우스에 있었던 것이다. 바우하우스는 그냥 '건축 학교'가 아니다. 한국에는 주로 건축가들이 바우하우스를 소개했던 까닭에 대부분 건축 학교로 알고 있다.

바우하우스의 교장이었던 발터 그로피우스, 미스 반 데어 로에가 건축가였던 까닭도 있다. 그러나 초대 교장 그로피우스는 단순한 건축가가 아니다. 세계 3대 건축가를 논할 때 미스 반 데어 로에는 들어가지만, 그로피우스의 이름이 언급되지 않는 이유도 마찬가지다. 그는 건축가의 범주를 훨씬 뛰어넘는 근대 미학자이자 사상가였다. 그가 바우하우스의 선생으로 막 추상회화의 가능성을 모색하고 있던 클레, 칸딘스키를 초빙한 사실에서 그의 엄청난 계획을 충분히 짐작할 수 있다.

프랑스 파리의 인상파로부터 시작한 근대 미학 혁명의 거대한 흐름은 아르누보Art Nouveau 혹은 유겐트스틸Jugendstil의 빈, 다름슈타트, 뮌헨, 베를린의 제체시온Sezession을 거쳐 바이마르의 바우하우스에 깔때기처럼 모여들었다. 바우하우스는 건축 학교, 디자인 학교가 아니다. 창조 방법론인 에디톨로지를 적극 추구했던 인류 최초의 '편집 학교'다.

수년 전부터 난 사진작가 윤광준과 함께 1년에 몇 번씩 그 흔적을 찾아 유럽 곳곳을 헤매고 있다. 몇 주에 걸쳐 여행하고 오면 그 튼튼한 '싸나이 윤광준'도 몸살로 쓰러져 며칠을 못 일어난다. '섬세하고 귀족적인 지식인'인 나는 어떻겠는가. 그래도 너무 흥미롭다. 매번 그렇게 흥분될 수 없다. 몇 년 안에 그 결과를 출판할 계획이다. 파리 – 빈 – 뮌헨 – 바이마르 – 데사우 – 라이프치히 – 베를린으로 이어지는, 이른바 '김정운 루트'다.

내가 2년간 다녔던
교토사가예술대학이다.

앞으로는 가츠라가와(桂川)가 아주 느리게 흐르고,
뒷산 꼭대기에는 항상 구름이 걸려 있다.

•

일본의 대학 졸업식에서는
다들 자꾸 운다.

학생들도 울고
부모들도 운다.

혼자 앉아 있는
나도 따라 운다.
…
그냥 운다.

이 두 편의 글은 내가 막 일본 생활을 시작했을 때,
신문에 실린 글이다.
당시의 내 심정이 아주 잘 드러나 있는 듯해서
이 책의 마지막에 싣는다.

행복은

아주 느린 거다!

●

일본에 건너온 지 꼭 1년이 되었다. 정말 많은 변화가 있었다. 자유롭게 살고 싶다는, 정말 가당치도 않은 만용으로 정년 보장 교수직을 '때려치웠다'. 그러나 이내 후회하며 다섯 평 남짓한 일본의 차가운 방바닥을 구르고 또 굴렀다. 그리스인 조르바의 어투를 흉내 내며 "그따위 두려움은 개나 물어가라지!"를 얼마나 되뇌었는지 모른다. 내 두려움을 먹고 자란 그 개들은 이제 송아지만 해졌다.

내 두려움과 외로움을 위로한다며 시인 김갑수와 사진작가 윤광준이 가끔 내가 살고 있는 일본을 찾아왔다. 지난가을 우리는 교토 북쪽의 계곡에서 배를 탔다. 계곡에서 배를 타자는 내 제안에 전혀 다른 상상을 했다며 시인은 음탕하게 웃었다. 단풍이 불타는 아라시야마 계곡의 보진천保

津川을 두 시간 넘게 배를 타고 내려왔다. 시인의 느닷없는 그 상상은 바로 강 이름 때문이었다며 사진작가는 또 음란하게 웃었다. 젠장, 이런 늙은 변태들!

강물은 아주 느리게 흘렀다. 천천히 내려오는 배 위에서 '20년 전 시집 한 권 낸 게 전부인 시인'과 '사진 찍어 돈 버는 일이 거의 없는 사진작가'는 '사람 심리, 특히 여자 심리에 관해 도무지 아는 게 없는 심리학자'에게서 아주 큰 변화를 찾아냈다. 느려졌다는 거다. 말투도 느려졌고, 걸음걸이도 느려졌다는 거다.

바로 그거였다. 지난 몇 년간 내 삶이 하나도 행복하지 않았던 것은 너무 빨랐기 때문이었다. 도무지 감당할 수 없는 내 삶의 속도가 나를 슬프고 우울하게 했다는 이야기다. 난 언제나 빨리 말해야 했고, 남이 천천히 생각하거나 느리게 말하면 짜증 내며 중간에 말을 끊었다. 조교나 학생들의 느린 일 처리에는 불같이 화를 냈다. 수업이나 각종 모임, 약속 시간에는 수시로 지각했으며, 바쁘다며 항상 먼저 나왔다. 그러나 아무도 날 찾지 않는 교토의 한 귀퉁이에서 내 삶은 비로소 정상 속도를 되찾은 것이다.

혼자 지내려니 내 몸 하나 건사하기 위한 청소, 설거지, 빨래, 장보기와 같은 '기초 생활 시간'이 너무 길다. 책 읽고, 글 쓰는 시간은 채 몇 시간이 되지 않는다. 그러나 빨리 책을 읽어야 할 이유는 없다. 느리게 걷고, 천천히 말하며, 기분 좋은 생각을 많이 해야 한다. 그래야 행복한 거다. 행복은 추상적 사유를 통한 자기 설득이 아니라 아주 구체적인 감각적 경험이기 때문이다.

밤늦게 동네 목욕탕에 어슬렁거리며 가는 것도 요즘 내가 발견한 새로운 삶의 기쁨이다. 일본의 동네 목욕탕은 60~70년대 한국 동네 목욕탕처럼 '후졌다!' 후져도 너~무 후졌다! 삐거덕거리는 옷장, 나무로 된 허접한 신발장 키, 수십 년은 족히 된 낡은 안마 의자, 20엔을 넣어야 불과 몇 분 작동되는 드라이기, 좁은 욕탕…. 아, 그러나 이 동네 목욕탕에서의 시간은 아주 천천히 흐른다.

목욕탕의 물은 정말 뜨겁다. 우리나라 사우나의 열탕보다도 훨씬 뜨겁다. (우리나라 사우나 물이 미지근해진 것은 한국인들의 삶이 급해져서다. 내 가설이다.) 달리 피해 갈 방법이 없다. 욕탕이 하나뿐이기 때문이다. 그저 참고 들어가야 한다. 아주 천천히 발목부터 덥히면서 욕탕에 들어가자면 참 많은 생각을 해야 한다.

지난달 난 교토 외곽의 만화 일러스트 관련 전문대학에 학생으로 아주 어렵게 합격했다. 성인만화 작가, 그것도 시인과 사진작가를 모델로 하는 노인 변태 전문작가로 데뷔하면 어떨까 하는 아주 기막힌 생각도 이 목욕탕에서 한 거다.

목욕탕 물의 향은 참 달콤하다. 온천 냄새를 섞은 듯하다. 고등학교 때 밀리는 차 안에서 맡았던 진명여고 학생 목덜미의 '다이알 비누' 냄새처럼 설렌다. 목욕을 다녀온 날 밤의 잠은 아주 깊다. 잠에 한없이 빨려 들어가는 그 기분 좋은 느낌은 집을 나설 때부터 날 설레게 한다. 이렇게 일본에서의 내 시간은 천천히 흐른다. 행복은 아주 느린 거다!

후회? 두려움? 개나 물어가라지!

●

이럴 줄 알았다면 이 나이에 『그리스인 조르바』를 다시 읽는 게 아니었다. 매번 이름 참 특이하다고 느꼈던 조선일보의 어수웅 기자가 일본에서 안식년을 편안하게 잘 지내고 있는 내게 연락해 '고전을 다시 읽자'라는 취지라며, 『그리스인 조르바』에 대한 글을 써달라고 할 때 그렇게 아무 생각 없이 승낙할 일은 절대 아니었다.

지난 며칠 동안 난 이 책을 손에서 놓질 못하고 무척 괴로워했다. 이 느닷없는 자유에 대한 망상 때문이다. 나는 지금까지 『그리스인 조르바』를 네 번 읽었다. 매번 조르바가 이야기하는 자유의 의미는 다르게 느껴졌다. 그러나 이번처럼 진지하고 심각했던 적은 없었다.

조르바가 이 책의 주인공(카잔차키스)을 처음 만난 날, 함께 일하자는 주인공에게 이렇게 경고한다. "처음부터 분명히 말해놓겠는데, 마음이 내켜야 해요…. 당신은 내가 인간이라는 걸 인정해야 한다 이겁니다." 주인공은 묻는다. "인간이라니 무슨 뜻이지요?" 조르바는 아주 간단하고도 단호하게 말한다. "자유라는 거지!"

난 올해로 꼭 만 50세가 되었다. 자유 같은 철없는 단어는 내 나이에 어울리지 않는다. 내 나이에는 안정, 품위, 경륜… 뭐 이런 걸 생각해야 하는 거다. 그러나 조르바는 나처럼 소심하고 비겁한 주인공에게 자꾸 묻는다. 자유롭냐고. 물론 자유롭다며 우기는 주인공에게 조르바는 이렇게 쏘아붙인다.

"아니오. 당신은 자유롭지 않아요. 당신이 묶인 줄은 다른 사람들이 묶인 줄과 다를지 모릅니다. 그것뿐이오. 두목, 당신은 긴 줄 끝에 있어요. 당신은 오고 가고, 그걸 자유라고 생각하겠지요. 그러나 당신은 그 줄을 잘라버리지 못해요."

소설 『그리스인 조르바』는 고향 그리스를 떠나 74년 생애를 바람처럼 세계를 떠돌아다닌 '꿈과 여행의 작가' 니코스 카잔차키스Nikos Kazantzakis, 1883~1957의 대표작이다. 조르바는 작가 카잔차키스의 삶에 결정적 영향을 미친 실존 인물이다. 카잔차키스는 그와 함께 지냈던 날들을 기억하며 자유에 관한 실존적 질문을 소설 『그리스인 조르바』에 자세히 기록했다. 독자들은 소설을 읽으며 조르바식 자유에 기분이 통쾌해진다. 그러나 도대체 조르바가 말하는 자유가 뭔가에 관해 논리적으로 캐묻기 시작하면 조르바는 바로 이렇게 쏘아붙인다. 그따위 어설픈 생각은 '개나 물어가라지!'

자유는 논리나 사고가 아니라 행동이라는 거다. 조르바와 동업한 광산업이 망한 후, 주인공은 바닷가에서 조르바로부터 춤을 배운다. 미친 듯 춤을 추며 마침내 자신을 묶고 있던 그 긴 줄에서 풀려나는 해방감을 맛본다. 먼 훗날 카잔차키스는 자신의 전 재산이 하루아침에 다 날아가 버렸을 때, 자유는 바로 그 춤이라는 행동으로 구체화되었다고 기록한다.

자유에는 두 가지 종류가 있다. '~으로부터의 자유free from'와 '~을 향한 자유 free to'. 무엇으로부터 벗어난다는 의미의 소극적 자유free from는 진정한 자유가 아니다. 도피일 수도 있기 때문이다. 아름다운 질그릇을 만들기 위해 물레를 돌리는 데 방해가 된다며 자기의 새끼손가락을 잘라버리는 조르바식 자유가 진정한 자유free to다. 추구하는 바가 분명해야 한다는 이야기다. 그 아름다운 가치를 위해 자신의 손가락 정도는 자를 수 있어야 한다는 거다.

소설 『그리스인 조르바』의 감동은 명확하다. 과연 '내켜서', 자신이 하고 싶은 일을 하며 살고 있느냐는 본질적인 질문이다. 도대체 자기 삶의 주인으로 살고 있느냐는 질문이기도 하다. 그러고 보니 지금까지 난 교수를 내켜서 한 게 아니었다. 학생들 가르치는 일이 그토록 내키질 않아 매번 신경질만 버럭버럭 내면서도, 교수라는 사회적 지위의 달콤함에 지금까지 온 거다.

느닷없이 다가온 자유라는 조르바식 질문에 견디다 못해 난 얼마 전 학교에 사직서를 제출했다. 그러나 바로 그다음 날부터 계속 후회하고 있다. 오늘도 난 일본나라 시의 차가운 방바닥을 뒹굴며 끊임없이 중얼거리고 있다. "아니, 이런 내가 도대체 무슨 짓을 한 거야!" 이 막막한 자유로움에 '쫄고 있는' 내게 조르바는 또 그런다. 그따위 두려움은 "개나 물어가라지!"

•

쇳덩어리 체중계와
10엔짜리 동전 세 개를 넣으면
몽둥이 두 개가 아주 단조롭게 움직이는 안마기가 있는
교토 외곽의 아주 오래된 동네 목욕탕.
…
이곳의 시간은 아주 느리게 흐른다.

에필로그

|

갑자기 말馬을 키워야 할
필요가 생겼습니다

글 쓰는 일을 하다 보니, 아주 흥미로운 경험을 하게 됩니다. 내가 느낀 것을 글로 표현하면 그 글을 읽는 사람이 내가 글을 쓸 때 느꼈던 감정을 똑같이 느낀다는 사실입니다. 만약 내가 아주 즐겁게 글을 쓰면, 그 글을 읽는 사람도 똑같이 즐거워합니다. 내가 아주 억지로 마지못해 글을 쓰면, 그 글을 읽는 사람도 아주 지겨워합니다. 어떻게 이런 현상이 가능한 것일까요?

독일어로는 이런 현상을 '외화外化, Äußerung'라고 합니다. 외적인 것을 '내면화Verinnerung' 하는 것과는 반대되는 과정입니다. 내 피와 땀이 노동을 통해 재화財貨가 되는 것처럼 내 내면의 것이 언어를 통해 글이라는 형태로 만들어지는 겁니다. 그래서 글을 쓸 때, 나는 가능한 한 즐거운 상태에서 시작하려고 애를 씁니다. 즐거운 생각을 하고, 향기 나는 커피를 끓이고, 조명도 우아하게 해놓고 글을 씁니다. 클래식이나 가벼운 재즈를 항상 틀어놓습니다.

그림을 공부한 후, '내면의 외화 과정'에 큰 변화가 생겼습니다. 글만 쓸때는 내 논리에 충실하려고 애를 썼습니다. 혹시나 논리의 비약이 생겨 욕먹지 않을까 하는 걱정도 자주 했습니다. 이쪽에서 나올 수 있는 비판도 막아야 하고, 저쪽에서 나올 비난도 예상하며 글을 써야 했습니다. 그러다 보니 글의 힘이 떨어진다는 느낌을 자주 받았습니다. 중언부언하는 경향도 있었습니다.

그림과 함께 글을 쓰면, 글의 내용이 달라지는 걸 느낍니다. 일단 대세에 지장 없는 것은 건너뛰게 됩니다. 글의 빈틈이 많아진다는 이야기지요. 대신 글에 속도감이 생겼습니다. 내 글이 건너뛴 내용은 글 속의 그림으로 메워지기도 합니다. 독자들은 건너뛴 내용을 스스로 채워가며 읽게 됩니다. 그래서인지 그림이 있는 글을 쓴 후로는 독자와의 상호작용이 더욱 활발해지는 것을 느낍니다. 저자와 독자 사이에서 일어나는 암묵적 대화의 폭이 사뭇 넓어진 것 같습니다.

모든 상호작용에는 '여지'와 '빈틈'이 있어야 합니다. 언젠가 고등학교 다니는 둘째가 밤늦게 집에 들어왔습니다. 이야기를 가만히 들어보니, 약 네 시간의 빈틈이 있습니다. 그 시간에 도대체 어디서 뭘 했느냐고 캐물으니, 아들녀석은 대충 둘러댑니다. 내가 집요하게 시간 순서대로 아들의 행적을 캐묻자 아들은 짜증을 냅니다. 나는 정색하고 다시 캐묻고, 아들은 화를 내며 대충 둘러대는 긴장된 상황이 계속됩니다. 이제 나도 어떻게 이 대화를 끝내야 할지 헷갈립니다.

옆에서 불안해하던 아내가 안방으로 들어오라고 손짓합니다. '왜 아들을 거짓말하게 만드냐'고 화를 냅니다. 뭔 소리 하는 거냐는 표정을 짓자, 아내는 그럽니다. 내가 그렇게 숨도 못 쉬게 몰아붙이면, 뭔가 숨기고 싶은 것이 있는 아들은 결국 거짓말을 하게 된다는 겁니다. 그러더니 한마디 덧붙입니다. 자신도 나를 거짓말하게 하지 않는다는 겁니다. 속으로 '옴마야!' 했습니다.

모든 상호작용에는 서로 간에 참여할 수 있는 여지가 있어야 합니다. 너무 자기 이야기만 하는 사람을 만나고 오면 아주 피곤합니다. 스스로 똑똑하다고 생각하는 사람이 자주 그렇습니다. 반대의 경우도 있습니다. 자신은 아무 이야기도 안 하는 경우입니다. 이렇게 '과묵한 인간'은 참으로 무책임한 사람입니다.

둘이 마주 보고 이야기를 하는 상황이라면, 그 대화의 책임은 서로 절반씩입니다. 그런데 과묵한 인간은 자신의 책임을 모두 상대방에게 전가합니다. 상대방에게 예의가 없거나, 관심이 없거나 둘 중 하나입니다. 저자와 독자와의 관계도 마찬가지입니다. 저자는 독자가 이 대화에 참여할 수 있도록 상호작용의 여지를 남겨야 합니다. 그렇지 않으면 아주 쉽게 독자를 계몽하려 합니다.

글과 그림 가운데 무엇을 먼저 하느냐고 친구들이 가끔 묻습니다. 글을 먼저 쓰고 그림을 나중에 그릴 거라고 생각하는 사람도 많습니다. 그렇지 않습니다. 이 책의 경우, 그림을 거의 3주간에 걸쳐 그렸습니다. 이렇게도 그려보고, 저렇게도 그려봤습니다. 그림을 그려가며 글에 들어갈 내용을 하나씩 메모해두었습니다.

그림을 다 그리고서 글을 쓰기 시작하면, 전광석화처럼 써 내려가게 됩니다. 그래서 논리의 비약도 많고, 이야기가 산만한 느낌도 줍니다. 그러나 내가 이전에 썼던 글들에 비해 훨씬 '대화적'이 되었습니다. 독자들에게 말을 건네는 조금은 친절한 저자가 된 것 같아 스스로 기쁘고 즐겁습니다. 앞으로도 글을 쓰면서 그림이 동반되는 지면을 통해 독자들을 만나고 싶습니다.

내 그림이 이대로는 형편없다는 거 잘 압니다. 그래서 앞으로 더 많이 그림 공부를 하려 합니다. 일본 생활을 마치는 대로 전라남도 여수로 내려가려 합니다. 여수 바닷가에 화실을 마련하고, 그림 그리고 글을 쓰는 게 꿈입니다.

서울에 있으면 밤마디 사람들 만나고 놀러 다닐 확률이 높습니다. 어차피 직업도 없고 외로워서 나도 모르게 사람들 모이는 자리에 나갈 것 같습니다. 그러나 이 나이에 자꾸 사람들 만나봐야 상처 주고, 상처 받는 일만 생깁니다. 외롭다고 관계로 도피하는 것처럼 어리석은 일은 없습니다. 모든 문제는 외로움을 피해 생겨난 어설픈 인간관계에서 시작됩니다.

전라도 여수에는 아무 연고도 없습니다. 그러나 '여수에서 그림을 그립니다' 하면 무척 폼 날 것 같습니다. '분당에서 그림 그려요' 하는 것보다 훨씬 그럴 듯합니다. 사실 제주도로 갈 생각도 했었습니다. 그런데 그곳에는 이왈종이라는 대가가 버티고 있습니다. 또 이효리 아류가 되는 듯도 해서 바로 포기했습니다. 지도를 놓고 쭉 찾아보니 여수가 그래도 좀 덜 복잡할 듯합니다.

경제적으로 어느 정도 여유가 생기면 바닷가에 작은 집을 살 겁니다. 아주 잘생긴 진돗개도 두 마리 키울 겁니다. 개를 너무 좋아하는데, 아내가 죽어라 반대해서 지금까지 못 키웠습니다. 파도치는 소리를 들으며 하루 종일 그림 그리고, 밤에는 책을 쓸 겁니다. 그림 그리다 졸리면 마루에 누워 낮잠도 잘 겁니다. 선선한 바람에 눈만 감으면 바로 기분 좋게 잠에 빠져듭니다. 마당의 개들도 엎드려 꼬박꼬박 졸고 있습니다.

내 엄청난 계획을 듣던 내 친구 귀현이가 못 참고 한마디 합니다.
"야, 니가 마루에서 자고, 개가 마당에서 자고 있는 장면을 여덟 글자로 뭐라 하는지 아냐?"
내가 의아한 표정을 하니, 귀현이가 키득거리며 바로 대답합니다.

"김정운 자 지, 개 자 지."

꼭 이런 식입니다. 폼 나는 '남도 화가'가 되려는 내 꿈이 친구들 사이에서는 초등학교 화장실 낙서 수준으로 전락합니다. 나도 참지 못하고 바로 복수합니다.

"그럼 그렇게 자고 있는 개를 귀현이 니가 빤히 보고 있는 상황을 여섯 글자로 뭐라 하게?"
답이 뭔지 바로 알아챈 귀현이는 화제를 바로 바꿉니다.

"정운아, 생각해보니 개를 키우는 것보다 말을 키우는 게 더 나을 것 같아. 니가 마루에서 자고, 말은 마당에서 자는 거지. 그걸 여덟 글자로 뭐라 하게?
"……."
"크크크. 정말 죽이지 않냐?"

아, 이렇게 여수에서 그림 그리며 가끔 찾아오는 친구들하고 초등학생 수준의 음담패설이나 하며 늙어갈 겁니다. '인생은 외롭지도 않고, 그저 낡은 잡지의 표지처럼 통속'하다는 시인의 말이 백번 옳습니다. 단 한 번밖에 없는 내 인생, 내 맘대로 사는 걸 결코 두려워할 이유는 없습니다. 더구나 오십 중반의 나이에는 말입니다.

이렇게 폼 나는 말을 키울 겁니다!!